Polt
Manege frei!

W0033364

Gerhard Polt

Manege frei!

Monologe und Dialoge

Teilweise in Zusammenarbeit
mit Hanns Christian Müller

Philipp Reclam jun. Stuttgart

RECLAMS UNIVERSAL-BIBLIOTHEK Nr. 18349
Copyright für diese Ausgabe
© 2007 Philipp Reclam jun. GmbH & Co., Stuttgart
Umschlagabbildung und Texte folgen der Ausgabe:
Gerhard Polt, *Circus Maximus*, Zürich: Kein & Aber, 2002
Copyright © 2002 Kein & Aber AG, Zürich
Gesamtherstellung: Reclam, Ditzingen. Printed in Germany 2007
RECLAM, UNIVERSAL-BIBLIOTHEK und
RECLAMS UNIVERSAL-BIBLIOTHEK sind eingetragene Marken
der Philipp Reclam jun. GmbH & Co., Stuttgart
ISBN 978-3-15-018349-6

www.reclam.de

Inhalt

VII

Vorwort

Hereinspaziert, Damen und Herren! Nehmen Sie Anteil! Treten Sie ein in unsere einmalige Menschenschau!

Internationale Humanartisten führen Sie vor Abgründe, Labyrinthe, Bodenlosigkeiten, Schildbürgerstreiche und immer im Mittelpunkt – großartig! – der Mensch. Manchmal als Meier, manchmal als Wrack! Schamlos, aber nie obszön – nichts Unmenschliches ist ihm fremd!

Hereinspaziert! Gleich beginnt die Vorstellung!

Erleben Sie unauslöschliche Eindrücke! In der ersten Abteilung sehen Sie nichts!, in der zweiten Abteilung sehen Sie… nichts.

Die Spannung steigt ins Unermeßliche! Dann erscheint Androide, die Frau mit den siebzehn Brüsten. Hinter ihr Phedra, die Schlange. Sie mißt von Kopf bis Fuß 10 Meter und von Fuß bis Kopf noch einmal 10 Meter. Das ergibt zusammen… jawohl, 24 Meter! Sensationell, einmalig, nie gesehen!

Hereinspaziert, Herrschaften. Gleich kommt unser Professor Dr. Dr. Liebig, der weltweit einzigartige Verantwortungskünstler und Inhaber von sage und schreibe sieben Beamtenpensionen! Gefolgt vom großen Zirkusdirektor Alfons Matschl!

Sehen Sie mit Ihren eigenen Augen, wie dieser einmalige Flohbändiger den Blutrausch seiner Untergebenen stillt! Nie dagewesen!

Herrschaften! Hier Desirée Luba persönlich! Nie ergreift Sie etwas tiefer, als wenn Frau Luba ihre Salmonellen ins Rampenlicht führt!

Hören Sie die Trommeln? Es geht los! Nicht drängeln! Die Kasse ist dort drüben! Für lächerliche 5 Euro serviert Ihnen der graue Mönch Anastasius noch seine Religion in zwei Minuten! Auch wenn Sie's nicht glauben, das Eintrittsgeld gibt's nicht zurück!

Erleben Sie Ihre eigene Ratlosigkeit, ja, Fassungslosigkeit als einmaliges Event. Denn wie sagt doch unser Experte für alles und Menschenkenner Raimund Kobiersky ganz richtig: Der Mensch schlechthin steht auch am Ende noch nicht einmal am Anfang!

Drum jetzt: Manege frei!

Gerhard Polt

I

Freiheit

Herr Fasnacht im Smoking.

Irgendwie ist es schon fast traurig, daß solche Ideen ausgestorben sind. So Ideen wie das Christentum oder – ja sicher, auch der Kommunismus! Aber mei! Als Idee waren
sie ja nicht schlecht – daß es den Armen besser gehen soll,
und wenn nicht, daß sie dann in den Himmel kommen
und die Reichen in die Hölle. – Ist ja verständlich, daß sie
früher so Ideen hatten, es ist ihnen ja auch beschissen genug gegangen, und sie haben halt die Hoffnung gehabt,
daß sie die Welt verändern können. Ihr Pech war nur, daß
sie in der falschen Zeit gelebt haben.

Heute weiß man aber – Gleichmacherei und Sozial-
schwärmerei, das ist passé. Der einzige Gedanke von früher, der wirklich Bestand hat, das ist die Freiheit!

Nur die Freiheit ist der Garant für einen gewissen
Wohlstand. Der Freiheitsraum, das ist der Raum zwischen
Angebot und Nachfrage!

Schaun Sie, Rom, Griechenland waren hochwertige
Kulturen, von denen kommt ja die Idee der Freiheit – allerdings, ohne niedrige Lohnkosten wäre das alles nicht
möglich gewesen. Ohne Sklaven gäb's heute keine Pyramiden.

Nur in der Freiheit behauptet sich der Mensch! Genau
wie das Tier! Nur in der Freiheit, da gibt's eine Entwicklung.

Wenn Sie ein Tier einsperren in einen Stall, dann wird's
fett, und wenn's fett ist, dann wird's geschlachtet!

Nichts gegen einen Stallhasen, aber Deutschland wird
immer mehr so ein … Was will er denn, der Deutsche? Er
will raus aus Deutschland! Auf die Kanaris oder an die

Costa del Sol, sich dort eine Eigentumswohnung kaufen und würdig – unter Deutschen – ein Leben zu Ende führen.

Aber um sich das leisten zu können, brauchen wir billige Arbeitskräfte! Der Deutsche selbst ist zu teuer geworden, welcher Deutsche kann sich denn heute noch einen Deutschen leisten? Das kann er sich nicht mehr leisten! Wenn er aber im Schwimmingpool pflantschen will wie weiland der Römer, dann sage ich: Herein mit den Hottentotten, rein mit den Albanern, rein mit den Rumänen, das heißt, die vielleicht grad nicht, die faulen Schweine – aber Tschuwaschen, Chinesen ...

Ein russischer Professor, der für DM 1,80 die Stunde meinem Kind Lateinnachhilfe gibt, meinen Garten umgräbt und als Chauffeur für mich nüchtern bleibt – ja, was wollen Sie denn noch mehr?!

Die Römer haben Kriege führen müssen, damit sie genügend Sklaven bekommen, und wir, wir kriegen s' so – einfach umsonst!

Aber wir Deutschen müssen höllisch aufpassen, daß wir die Freiheit nicht verspielen. Alles wird reglementiert! Der Deutsche kugelt in den Schulen umanander, bis er dreißig Jahre alt ist, dann arbeitet er, wenn er Zeit hat, bis er fünfundvierzig ist, dann kriegt er schon seinen Herzinfarkt – so geht's nicht!

Die Asiaten sind da viel freier. Da darf ein Kind schon mit sieben Jahren arbeiten, und zwar vierzehn Stunden, und wenn's will, ohne Urlaub. Das verschafft den Asiaten Vorsprünge, die sind nicht aufzuholen.

Democracy

Ladies and Gentlemen!

It is me a pleasure today to be here in Africa in your nice country of Tjurangrati. My dear Tjuranggrattlers: Before I start my speech now, please let me give you the kindest regards of our Ministerpresident Edmund Stoiber, of our Wirtschaftsminister, Verkehrminister Wiesheu, and – last, not least – of the emperor, Professor Dr. Dr. Franz Beckenbauer from Warstein Brewery.

Ladies and Gentlemen! The Hanns-Seidel-Stiftung in Wildbath Kreuth kindly asked me to teach you, to instruct you the most important form of government today: Democracy! Democracy … democracy, Ladies and Gentlemen – and this might especially interest you here in Africa –, democracy: What is it? Democracy, Ladies and Gentlemen, has a very old tradition in Bavaria. The roots go back … far, far back to a man called Plato. – Plato was an old Greek from Greece … The next one was an old Roman from Rome: Cicero. – Cicero, Ladies and Gentleman, we correctly pronounce Cicero (Zizero), not Kikaroh (Kikarow). – But, Ladies and Gentlemen, pay attention now, because the most important of all – the third one – was our political genius from Bavaria: Dr. Mueller! Or, as we call him in Bavaria: »Ochsensepp«. – Ochsensepp from Bavaria, Ladies and Gentlemen, himself gave the idea of democracy a new power – a new vitality – by giving simple answers to very simple questions. A typical Ochsensepp-question – for an example – was the question: What do democrats actually want? Ya, what want the democrats?? The democrats, Ladies and Gentlemen, always want to have a majority, a solid majority – in Bavaria: absolute majority! Now, it is to us: How can we get such a majority? To have absolute majority, Ladies and Gentlemen, it is necessary to have your own press, your own newspaper – as we have in Bavaria, for instance, the

Miesbacher Mercur – to tell the majority what the majority wants to know. Or, you need to have the radio-station of your own – as we have the Bayerischen Rundfunk – to tell the majority what the majority wants to hear. This is the best way to avoid unnecessary minorities.

Ladies and Gentlemen, the old Greeks and the old Romans in the old times, they sacrificed gold, silver, jewellery, wine, beer – and other drinks – to have a harmony with their gods in heaven. – To create a harmony among their people, the Bavarian politician presents a Freibeer to the folks ... Ladies and Gentlemen, the idea of Freibeer in Bavaria is deeply religious: The more you drink, the more the ghost of democracy becomes visible. Ladies and Gentlemen, the Bavarian Verkehrsminister Dr. Wiesheu himself got the Bavarian Verdienstorden when he achieved one point 99 pro mille. Only a Verkehrsminister who can drink so much can be admired as a sovereign. A Verkehrsminister in Bavaria needs to have a good liver and a very good constitution – we say: a Bayerische Verfassung.

Ladies and Gentlemen, at the end of my speech, please, believe us: We in Bavaria, we do not see black for your future here in Africa, and we wish you by heart a happy democracy.

Bye-bye and – victory ...

Toleranz

Das weiß ich auch. Jeder redet heute von Toleranz – das kennt man schon. »Toleranz, Toleranz, Toleranz, da muß man tolerant sein« – aber mal einen Standpunkt haben, mal einen Standpunkt haben in einer Sache –, »Toleranz, Toleranz« ... Ich kann's nicht mehr hören. Das Wort »Toleranz« ist kein deutsches Wort, das ist ein Fremdwort. Und »tolerieren« – »etwas tolerieren«, das bedeutet nämlich so viel wie »etwas aushalten«. So schaut's aus. Also, wenn früher mal einer gefoltert worden ist, dann war der tolerant. – Ja, ich mein …

Toleranz ist auch sehr individuell. Der eine sagt: »Das mach ich.« Der andere sagt: »Das pack ich nicht.« – Das geht bis zu den inneren Organen. Der eine frißt eine Schweinshaxe mit zwei Knödeln und frißt dann noch einen Apfelstrudel, weil sein Magen toleriert es. Und der andere sauft einen Gesundheitstee, und es wird ihm schlecht. Schon beim Magen fängt's an. – Oder der eine sagt: »Ich kann die Ausländer nicht mehr sehen, das Gschwerl.« Dann sage ich: »Das ist seine Meinung.« Aber ich toleriere das, was er sagt.

Wissen Sie, ich meine, ich will das gar nicht so abstrakt … Ich mein das gar nicht abstrakt. Ich mein, ich kann gerne mal ins Konkrete – gehen wir doch mal ins Konkrete. Ja, werden wir doch mal konkret. Ich wohne hier seit dreißig Jahren, und da drüben wohnt diese Familie Böhm. Ja, die Familie Böhm – vier Kinder –, mehr brauch ich nicht hinzuzufügen … Was? – Ja, der Papst zahlt's ja nicht. Dieser Böhm karnickelt vor sich hin … und wälzt seine Probleme auf die Allgemeinheit ab – so schaut's aus. Nein, bleiben wir konkret – ganz konkret! Wann war denn das, ich hab mir dieses Fußballspiel angeschaut, leider – Deutschland gegen –, leider hab ich mir's angeschaut – gegen Portugal. Ich hab mir ein paar Erdnüsse hin und ein bißchen Bier, hab mir gedacht, schaust dir's trotzdem an. Und – furchtbar, brauchen wir gar nicht weiter reden, auf alle Fälle im Strafraum … ich denke, um Gottes willen jetzt – auf einmal – zack! – ist das Bild weg. Ich denke, was ist denn jetzt los. Ich switche, switche – nichts zu machen, auf einmal ist der Karl Moik drin. Und geht nicht mehr raus. Verstehen Sie mich nicht falsch, ich habe nichts gegen diesen Moik, aber im Strafraum hat der nichts zu suchen. Und so ist das die ganze Zeit … immer, wenn was Interessantes war – im Strafraum oder Ding – zack! –, war wieder

der Moik drin. Auf alle Fälle … jetzt sag ich Ihnen – nein, jetzt sag ich Ihnen den Hintergrund. Der Hintergrund: Hat sich dieser Böhmkrüppel – der Kleine – ist der Jüngste, der jüngste der Satansbraten –, man sagt ja immer, man sagt immer: Kinder sind unschuldig – der nicht. Dem müßte man prophylaktisch schon mal links und rechts eine hineinschlagen. Haben Sie dieses Watschengesicht von dem schon mal gesehen? Dieses infame Gesicht von dem Kerl? Da rutscht einem die Hand sowieso schon aus. – Hat sich dieser Kerl vor mein Haus hingestellt, hat über den Garten reingeschaut in mein Wohnzimmer, hat gesehen, daß ich dieses Fußballspiel anschaue, und hat, immer wenn eine Torsituation war, mit einer starken Fernbedienung von draußen mir in mein Wohnzimmer hereingemoikt. – Wenn ich ihn erwischt hätte, ich hätte ihm sofort … links und rechts hätte ich ihm eine hineingehauen. Und dann immer »Toleranz, Toleranz« – ich bin tolerant, ja, ich bin tolerant. Ich grüße den Böhm, obwohl er mein Nachbar ist. – Bleiben wir im Konkreten, es geht schon noch weiter, jetzt warten Sie mal. Welche Prüfungen man als Mensch – heute … Das war dann … Ich hab mir eine Sendung angeschaut – jetzt warten Sie mal, das war eine interessante Sendung –, die hat geheißen: Junge Polinnen zu Toleranz gezwungen – also, ich hab mir's nur aus wissenschaftlichen Gründen angeschaut. Halt eine Dokumentation, weil sonst tät's mich nicht interessieren. Und hab gleich mir ein bißchen Leberkäse hin und ein bißchen Bier – aber das Rouleau hab ich schon runter. Und ich sitze da, schau mir das an – und das ist also schon, also, was da – wie diese Frauen … auf alle Fälle auf einmal läutet's an der Tür – und zwar Sturm – ringringring! –, ja, was mach ich, ich schrei meiner Frau, sag: »Mach auf!«, weil ich kann ja nicht weg. Aber meine Frau – da geht's dann schlafen, nicht wahr, statt daß sie sich mal so was anschaut. Da könnte sie auch mal was lernen. Nein, auf alle Fälle, mir bleibt nichts anderes übrig, ich stürze zur Türe, mach die

Türe auf – und wer? -, niemand da. Kein Schwanz, niemand da. Ich hätte es mir denken können. Aber jetzt warten Sie – vor mir liegt ein Päcklein, ein Paket, brennt lichterloh. Ich bin natürlich erschrocken – was tun? Ich wollte es mit dem Fuß wegstoßen, aber da könnte man was anderes anzünden – also, in meiner Geistesgegenwart bin ich dann halt sofort drauf und hab's dann so mit den Füßen gelöscht. Ich hab natürlich mir schon gedacht, woher der Wind pfeift – und wen ich da im Visier habe. Aber auf alle Fälle, ich habe mir gedacht, schaust dir trotzdem die Sendung fertig an, es hilft ja nichts. Geh ich wieder ins Wohnzimmer hinein und setz mich hin. Auf einmal denke ich – entschuldigen Sie den Ausdruck –, was stinkt denn da so? Hier stinkt es nach Hundescheiße. Schau ich: Ist der ganze Teppichboden voller Scheiße. Haben diese Saukrüppel vom Böhm einen Schuhkarton genommen, voll mit Hundescheiße gefüllt, mit Zeitungspapier umwickelt, habens einen Spiritus draufgeschüttet oder einen Beschleuniger, haben das Paket abgefackelt – und ich bin dann da so drauf – und über den Knöchel voller Scheiße. Wenn ich den Böhmkrüppel erwischt hätte, ich hätte ihn mit dem Kopf in die Scheiße reingetaucht, bis daß er erstickt. Und den Kadaver hätte ich dem Böhm rübergeschmissen. Dann kann er ihn recyceln. – Und dann kommt meine Frau: »Toleranz, da müssen wir tolerant sein, Toleranz.« Sag ich: »Hör auf – jetzt schauen wir mal auf dem Toleranzkonto nach bei der Familie Böhm, ob die noch im grünen Bereich sind«, sag ich. Tolerant, wer ist denn immer tolerant? Nur ein Depp ist immer tolerant. Sie werden mir doch recht geben, wer ist denn immer tolerant? Kein Mensch. Selbst im eigenen Familienbereich kann's doch mal passieren, daß man seiner Alten eine aufstreicht, daß sie einen Purzelbaum schlägt. Bitte? Ja freilich ist das normal. Aber das sagen Sie mal heute jemand. – Ich sag häufig zu meiner Frau, ich sag's ihr immer wieder, ich sag: »Entschuldigung«, sag ich, »die Tatsache, daß du so selten eine fangst, da brauchst du dich bei mir nicht zu bedanken – bedanke dich bei meiner Toleranz«, sag ich. »Weil ich ertrage dich bisweilen, obwohl ich gar keinen Grund dafür habe«, sag ich. – Wissen Sie, Toleranz, das ist für mich kein abstrakter Begriff – Toleranz, das muß man praktizieren. Auf Wiederschaun.

Bad Hausen

Liebe Kurgäste, liebe Freunde aus nah und fern, es freut mich, Sie alle hier in unserer schönen neuen Mehrzweckhalle in Bad Hausen begrüßen zu dürfen. Ein herzliches Grüßgott auch unserem Pfarrer Seybold, der auch heute unter uns dabei ist, wenn amal wieder ein Heimatabend bei uns stattfindet. Bevor aber wir dann die Treuenadeln für dreißigjähriges Urlaubmachen in Bad Hausen verteilen mit anschließender Tombola – lassen Sie mich uns Ihnen, die erst neu zu uns gekommen sind, amal vorstellen.

Bad Hausen liegt auf einer Höhe von 763 Höhenmetern über dem Meer, umrankt von Bergen wie dem Biegelstein, dem Bürstling und der Führerspitze, welche mit 1722 Metern beachtlich in den Himmel ragt.

Gegründet wurde Bad Hausen im Jahre 1009 von Heinrich dem Flötzer, ein Neffe von Heinrich VI. Heinrich der Flötzer, so erzählt die Geschichte, trennte sich von seiner Gemahlin Algunda, indem er diese aus dem Hause trieb und diese sich dann auf eigenen Wunsch – oder Verlangen – hin, sich eine Zelle, oder ein Haus – Haus: Hausen – errichtet hat, in der Hoffnung, fürderhin mehr alleine zu sein. Algunda wurde kurz nach ihrem Einzug in das Haus erschlagen und sehr bald danach heiliggesprochen, um dem bereits internationalen Reliquienhandel Aufschwung zu geben. Der Unterkiefer der heiligen Algunda befindet sich in Privatbesitz – ein Konsortium in New York ist der Eigentümer.

Aber Gott sei Dank ist unser Ort ebenfalls Bewahrer einer Reliquie der heiligen Algunda. Das gesamte Schlüsselbein von ihr ist in unserer Pfarrkirche und zieht Wallfahrer aus aller Herren Länder an. Ansonsten war es in Hausen das Mittelalter über und während der Renaissance ruhig. Hausen war jahrhundertelang eine beliebte Viehweide.

Auch das 18. Jahrhundert war ebenfalls ein stilles Jahrhundert, nur noch zweimal trat die Cholera auf, was wiederum der Reliquie der heiligen Algunda zu noch mehr Popularität verhalf.

Schließlich kam dann nach einer langen Odyssee der Kunstmaler Nepomuk Pröpstl zu uns nach Hausen, wo er dann in Öl den historischen Saustall malte. Der Saustall selbst wurde vor zwei Jahren abgerissen, und an seiner Statt entstand das schöne Feuerwehrhaus, was einen jeden, der sich für Architektur interessiert, zu Diskussionen einlädt.

Das Ölbild von Nepomuk Pröpstl kann im Heimatmuseum besichtigt werden, und zwar jeden Donnerstag von fünfzehn bis sechzehn Uhr, und jeder Gast, der über eine gültige Kurkarte verfügt, erhält fünf Prozent Ermäßigung auf den vollen Eintrittspreis.

Ja, liebe Gäste, sonst wäre noch anzumerken, auch über Bad Hausen brauten sich von 1936 bis 45 diese dunklen Wolken zusammen, aber Gott sei Dank hat sie der Wind dann doch bald wieder weggeblasen.

Weltberühmte Leute haben unserem Ort die Ehre erwiesen. Zum Beispiel Hermann Göring weilte hier gerne zur Jagd und hat persönlich mehrmals zum Halali geblasen. Zu dem angeblichen Skandal, daß man ihm erst vor drei Wochen die Ehrenbürgerschaft aberkannte, möchte ich jetzt keine Stellung nehmen, aber ich bin sicher, Sie zeigen dafür Verständnis.

Auch andere illustre Gäste kann Bad Hausen aufweisen. Der aus Presse, Funk und Fernsehen bekannte Konsul

Weyer oder der Schlagersänger Gus Backus gaben sich bei uns ein Stelldichein. Schalck-Golodkowski schätzt die Bad Hausener Gastronomie, aber vor allem, meine Damen und Herren, kein Geringerer als unser allseits verehrter Franz Josef Strauß hat hier seine Zelte aufgeschlagen, wenngleich auch nur für einen Nachmittag, aber es bleibt unvergessen, wie er in der Gaststätte »Zum Wiesenschmatzer« eine ausgiebige Brotzeit zu sich genommen hat. Der Anlaß seines Aufenthaltes war eine defekte Benzinpumpe seines Motorrads, mit dem er unterwegs war – er wartete fieberhaft auf eine Ersatzbenzinpumpe, die extra mit dem Hubschrauber aus München eingeflogen wurde.

Noch heute weist ein Hinweisschild auf die inzwischen historische Begebenheit hin, daß unser Ministerpräsident in Bad Hausen bei bester Stimmung einen Wurstsalat, einen Obatztn sowie mehrere Glas Bier zu sich genommen hat.

Erst vor kurzem hat der Gemeinderat von Bad Hausen beschlossen, und zwar einstimmig, daß gegenüber unserem Rathaus eine Skulptur aufgestellt wird, die ein lokaler Künstler modelliert, und zwar eine Benzinpumpe aus Bronze, circa zwei Meter hoch. Ja, liebe Gäste, Sie merken, ich bin bei dem, was ich Ihnen da erzähle, ein bisserl gerührt. Aber man darf doch stolz sein auf eine Heimat, wo ma sagt, Herrgott, so a Hoamatl, is des schee.

Aber jetzt noch ein paar facts und informations über Bad Hausen. Bad Hausen liegt wie gesagt 763 Meter über dem Meeresspiegel, und es hat derzeit 682 Einwohner und verfügt über eine Bettenkapazität von 8421 Betten. Es wird daran gedacht, die Bettenkapazität noch in diesem Jahrtausend um circa vierzig Prozent zu erhöhen, so daß wir mit ungefähr 12000 Betten ins nächste Jahrtausend hineingehen. Bei einer Bettenauslastung von, sagen wir, neunzig Prozent wären das ungefähr 12800 Übernachtungen pro Höhenmeter – damit lägen wir um sechsundzwanzig Prozent unter dem Kilimandscharo. Selbst Orte wie St. Moritz oder St. Anton kommen da in Bedrängnis, wenn wir von 682 Einwohnern ausgehen.

Aber zum Schluß noch: Was erwartet den Gast in Bad Hausen – der Phantasie sind keine Grenzen gesetzt natürlich – mountain climbing – mountain biking – river rafting – aber wer will kann auch hiking und bird watching machen – mushroom searching – freebenching – freshair snapping, original candlelight brotzeiting, Schmei sniffing oder, wenn's beliebt, auch nur amal unforced time passing und televisioning.

Bad Hausen empfiehlt sich besonders auch für Senioren, weil es besonders ruhig ist bei uns, die ruhigsten 763 Meter Mitteleuropas, weil durch unsere Entwicklung unser Ort besonders kinder- und jugendfrei ist. Also, herzlich willkommen in Bad Hausen. Heartly welcome to Bath Housen.

Historische Dimension

Meine sehr verehrten Damen und Herren, gestatten Sie mir, daß ich, dem Anlaß entsprechend, noch ein paar Anmerkungen machen möchte. Obwohl mein sehr verehrter Herr Vorredner bereits Substantielles von sich gegeben hat, so möchte ich dem heutigen Abend und dem Anlaß, der uns ja heute zusammengeführt hat, doch noch ein paar Punkte vielleicht noch hinzufügen, meine sehr verehrten Damen und Herren. Allerdings in der mir gebotenen Kürze, denn ich weiß, meine sehr verehrten Damen und Herren, das Buffet wird demnächst eröffnet werden, und ich weiß auch, meine sehr verehrten Damen und Herren, daß mit kurzen Anmerkungen wir den Dingen vielleicht gerechter werden können, als wir es mit langatmigen und sonstigen Erzählungen ... vermöchten. Meine sehr verehrten Damen und Herren, als Pharao Cheops seine Pyramide in Giseh errichtet hat, da war es kein anderer als sein Nachfolger Chephren, oder wie es unterägyptisch auch heißt: Chafran, der eine zweite Pyramide gebaut hatte – und da hätten wir schon den dualistischen Gedanken. Pyramide zu Pyramide, aber obwohl der Satz da lautet: ein Terzium non datur, kommt der dritte hinzu, und es ist Men-Chaophre oder Men-Hahare, oder in Oberägypten auch Megreh genannt, nicht wahr, die Griechen sagen einfach Mykerinos, und er baut die dritte Pyramide, meine sehr verehrten Damen und Herren. Und das gibt doch zu denken. Und das läßt uns doch dazu reflektieren – diese drei Pyramiden, das ist kein Zufall, meine sehr verehrten Damen und Herren. Aber wir wollen uns jetzt nicht in Giseh aufhalten, meine sehr verehrten Damen und Herren, sondern unser Blick geht schon hinüber ins Zweistromland, wir sind am Euphrat, am Tigris, und schon spüren wir, nicht wahr, Nebukadnezar, ein Nabuchodonosor, der berühmte Menetekel ufarsin, kann man es deutlicher sagen, meine sehr verehrten Damen und Herren, nicht wahr – und das Ganze mit den Türmen von Babylon und so, aber das schenken wir uns jetzt. Wir gehen nun rüber nach Latium, wobei ich jetzt ausgelassen habe die schöngeistigen Griechen mit allem, nicht wahr? Schliemann hat ja so bunt beschrieben, Sokrates und so weiter … Nein, wir sind in Latium. Latium, das blutgetränkte Land, die Erde von Latium, gehen wir mal hinein ins 5. Jahrhundert vor Christi, oder das 4., das spielt jetzt gar keine Rolle, nicht wahr – meine sehr verehrten Damen und Herren, das 4. Jahrhundert war ein Bonbon unter den Jahrhunderten in Latium, und da kommen sie, nicht wahr, die bedeutenden Leute – nicht underdogs –, wie sie genannt wurden: die Gracchen, Gracchus der Jüngere – jünger als Gracchus der Ältere –, nicht wahr, total vergracht, und haben versucht, das Ihrige zu leisten. Sie wußten, sie sind ja Zeitgenossen, meine sehr verehrten Damen und Herren. Und wir gehen weiter, das Mittelalter, eine Renaissance fließt an uns vorüber. Große Namen. Ein Tiepolo, nicht wahr, der in Würzburg gemalt hat und sich gewehrt hat, in Friedrichshafen auch nur ein Bild zu malen, meine sehr verehrten Damen und Herren. Aber, meine sehr verehrten Damen und Herren – die großen Namen! Sie spüren doch selber: Es schmeckt nach Abendland! Sie spüren doch selbst, wie der Hauch der Geschichte hier ein bißchen hereinweht ... Meine sehr verehrten Damen und Herren, ein Metternich, der ließ nicht einfach so alles aus der Reihe tanzen – ich weiß nicht –, aber die großen Namen, die Leonardo da Vincis, die Michelangelos, die stehen doch einfach vor sich. Und sie sind's: die Heroen unserer europäischen ... unserer Epoche, meine sehr verehrten Damen und Herren. Und da sind wir eben schon, ein Napoleon, ein Gaius Julius Caesar – und, meine sehr verehrten Damen und Herren, und das veranlaßt mich, den heutigen Abend noch einmal ... Und lassen Sie es uns gebührend erwähnen: Er sitzt heute unter uns! Und wir sind gekommen, unser Haupt zu verneigen – vor ihm und seinem Gesamtwerk –, und wir sagen: Vielen Dank, Alfons Pröbstl, dem Mitbegründer der Bayerischen Landesboden-Kreditanstalt und sämtlicher Filialen! Ich danke Ihnen.

1705

Sehr verehrter Herr Ministerpräsident –
ich darf Sie sowie Sie, Exzellenz Landesbischof Waller, aufs allerherzlichste begrüßen – selbstverständlich auch unseren Landrat Dr. Batz, Herrn Oberstleutnant Freiherr von Epp und auch unseren Pfarrer Monsignore Dobler, unseren Bürgermeister Hans Steindl, Ihnen allen ein herzliches Grüß Gott im Namen der Gebirgsschützen, die heute hier angetreten sind.

Kameraden!

Am heutigen Patronatstag, der unter der Schirmherr-schaft unseres verehrten Ministerpräsidenten Dr. Edmund Stoiber steht, haben wir bayrischen Gebirgsschützen uns heute hier versammelt, um der Opfer zu gedenken, die bereit waren, unter Einsatz ihres Lebens unsere geliebte Heimat zu verteidigen. Wir gedenken der Gefallenen von 1705. Heldenmütig haben die Oberlandler versucht, die österreichischen Panduren, welche in Horden unser Land im Würgegriff hielten, hinauszuschmeißen, aber leider, durch den Verrat, wie so oft in der Geschichte von einem Weiberts, wurde die Sache abgeschmettert, und so kam es zur Mordweihnacht von Sendling.

Auch heute stehen wir wieder vor schwierigen Aufgaben, die sehr schwierig sind, weil nicht nur der äußere Feind uns bedroht, sondern der innere Feind, der wo aber auch von außen kommt, aber bereits schon bei uns herin ist. Es ist zwar nur eine Minderheit, aber die ist es, welche die Mehrheit terrorisieren will, und deshalb erkennt man sehr schnell, daß diese Minderheit der innere Feind ist. Überall sitzt er drin, wie zum Beispiel im Fernsehen, wo man der Mehrheit unserer Bürger faule Fleischreste zeigt, mit Würmern und Trichinen, und das tut man, damit uns der Appetit vergeht und mia Kerndl fressen und unsere Landwirte kein Fleisch mehr verkaufen. Diese Kerndlfresser sind nur ein Beispiel, wie eine Minderheit uns schikaniert und man zum Psychiater gehen muß, damit einem beim Anblick von einem Schnitzel nicht schlecht wird. Und genau dieselben sind es auch, welche die Biergärten schließen wollen, weil es ihnen nicht paßt, daß die Mehrheit am Bier eine Freud hat, obwohl man in diesem Land sich aus Tradition zum Bier bekennt und es weit über tausend Jahre aus kultureller Verantwortung trinkt.

Jeder bei uns weiß, daß das Bier mit unserem Glauben aufs engste verbunden ist, weil, wie wir von den Klöstern her wissen, die katholische Religion das Bier nicht nur empfiehlt, sondern sogar selbst braut.

Immer mehr so Einzelgänger, Individuen und Singles, manche haben die Frechheit, sich als Künstler zu bezeichnen, wollen unser Land verschandeln, ja sie schrecken nicht zurück, selbst unseren Glauben zu verhunzen. Die heilige Muttergottes wird in Wolfratshausen im Minirock auf eine Brücke hingestellt, so daß die einzige Antwort auf solch ein Schandwerk ist, daß man es in den Fluß schmeißt.

Dieselbe Bagage ist es auch, die sich immer mehr in den Straßenverkehr mischt und überall Geschwindigkeit dreißig fordert, aber das glangt ihnen nicht, dann wollen sie lauter Verkehrsinseln und Stolperschwellen errichten, um alles zu verhindern. Daß es aber auch bei uns viele Menschen gibt, denen es pressiert, ist ihnen gleich.

Der Schaden, wo diese Minderheit anrichtet, geht in die Milliarden.

Sie sind gegen alles – jeden Tunnel, und wenn er noch so vernünftig ist, feinden sie an. Will man eine Zugtrasse errichten, sind sie schon dagegen, vom Atom will ich gar nicht reden, weil wenn es nach ihnen geht, sollen wir wieder in Höhlen wohnen. Tschernobyl ist aber nicht in Bayern, und Kitzbühel ist in Tirol, das weiß ein jeder, aber man will uns für blöd verkaufen. Heute schaut es so aus, daß alles möglich ist. Diese Preußen behaupten, daß sie Münchner sind, und die Neger geben sich zunehmend als Deutsche aus, immer mehr drücken in unser Land hinein und behaupten frech, sie wären mir.

Kameraden – wir Gebirgsschützen sind aufgerufen, diese Zustände genau zu beobachten. Große Namen verbinden sich mit unserer Tradition, wie Graf Arco, der dem Spiel dieser Schlawiner, die unser Land an die Bolschewisten ausliefern wollten, ein Ende gemacht hat.

Auch ziehen wir den Hut vor Persönlichkeiten und sagen Reschpekt, wenn sich einer heute noch traut, sich öffentlich hinzustellen, obwohl er dadurch beruflich große Nachteile riskiert und Verfolgungen bis hin zu Ehrabschneidung, wenn er sagt, jawohl, ich sympathisiere mit der CSU.

Wir in Bayern sind doch eine Demokratie, wo kein Mensch gezwungen wird, eine Minderheit zu werden, jeder hat das Recht, sich zur Mehrheit zu bekennen und sich anständig zu benehmen, und wenn er das tut, dann braucht er kein schlechtes Gewissen zu haben, wenn er in aller Ruhe einen Schweinsbraten ißt und einige Bier dazu trinkt, dann waren auch die Opfer von 1705 nicht umsonst.

Ich danke Ihnen!

Der Weber Max

Wir waren alle da, also, mir ist nicht bekannt, daß einer gefehlt hat, weil wir waren vollzählig. Also, paß auf, es waren da, der Ding war, der Ding, da sagst … Der Saller Wolfi war da, der Leinschwendner Sepp, der Bürgermeister, der Ziegler Fritz, na ja, der Fritz sowieso, und der Weber Max war da. Doch sicher, der Max war da, freilich, weil wir uns noch gfragt haben, kimmt der Max oder kimmt er nicht, könnt ja sein, daß er nicht kimmt, aber der Max war schon da. Sicher, es hätt ja sein können, daß er gar nicht kimmt, weil wir uns noch gfragt haben, ob er kommt, aber der Max war schon da. Der war da wie eine Brezn. Also, die Sitzung ist vollkommen normal hergangen, ohne besondere Vorkommnisse, wie halt im Grunde eine jede Gemeinderatssitzung halt auch. Vielleicht is's a bisserl feucht herganga. I glaub, circa achtzig hoibe Bier san glaufen und deam ungefähr fuchzg Obstler, aber das heißt, der Weber Max sauft ja keinen Obstler, weil er trinkt ja bloß seinen Sechsämtertropfen. Der Max trinkt keinen Obstler, der trinkt wirklich bloß einen Sechsämtertropfen. Wir haben auch diesmal wieder in der Gemeinderatssitzung einstimmige Abstimmungsergebnisse erzielt, wie sonst halt auch einstimmig. Was haben wir denn diesmal abgestimmt? Moment, jetzt muß ich sinnieren. Ja, das war der Programmpunkt eins. Ja, beim Programmpunkt eins ham wir sofort gesagt, jawoll, ganz klar, da brauchen wir nich mehr lange diskutieren, der Abort kommt rein ins Leichenschauhaus, weil wir gesagt ham, der Abort ist eine Belebung fürs ganze Gemeindeleben und eine Zukunftsinvestition. Mir ham gsagt, wenn das Geld von Brüssel kommt, und das Geld ist gekommen, dann kimmt das Scheißhaus rein. Was hamma noch abgestimmt, ja, den Programmpunkt zwei, da ham wir auch abgestimmt, einstimmig, ohne Stimmenthaltung, da ham mir gsagt, die Fingerhakler, also der Fingerhaklerverein kriegt 8000 Mark vom Kulturetat, obwohl mir in unserer Gemeinde einen Kulturetat gar nicht ham, aber mir ham gesagt, scheißegal, dann stellen wir die Sache mit dem Kindergarten noch ein paar Jahre zurück, und bitte, was war denn voriges Jahr? Die Maßkrugstemmer, der Maßkrugstemmverein, die haben auch 5000 Mark gekriegt, voriges Jahr, also kulturell ist derzeit bei uns die Hölle los. Die Fingerhakler warn auch ganz begeistert, weil mit 8000 Mark hams nicht gerechnet. Also die Fingerhakler waren außer Rand und Band. Sie sind fast in'n Veitstanz vor Begeisterung und ham uns dann, also den gesamten Gemeinderat, eingeladen. Dann samma alle nach der Sitzung rauf zum Bauer Girgl. Der Saller Wolfi is noch mitganga. Der Leinschwendner Sepp, der Bürgermeister, der Ziegler Fritz, das heißt, der Fritz sowieso, und aa der Weber Max. Doch, der Max is scho mitganga. Sicher, weil mir uns noch gfragt ham, kimmt er noch mit oder kimmt er nicht mehr? Bringt der Max noch seinen Zündschlüssel ins Zündschloß rein, aber der Max is scho noch mitganga. Die Fingerhakler in ihrer Begeisterung ham gleich eine riesige

Flasche Champaninger spendiert, einen echten Söhnlein Brillant, die hamma dann gleich gezuzelt. Der Wirt vom Bauer Girgl hat sich auch nicht lumpen lassen und hat gleich eine Runde Cuba Libre spendiert, weil sei Neffe den Führerschein wiedergekriegt hat. Bloß der Weber Max hat natürlich keinen Cuba Libre angerührt, sondern hat gleich zum Wirt gsagt, komm, stell amal a Flaschen Sechsämtertropfen auf den Tisch, damit eine Stimmung aufkommt. Und ich muß sagen, es war wirklich ein netter Abend. Wir wollten aber dann doch früher heimfahren, weil wir wollten am anderen Tag einen klaren Kopf behalten. Aber bevor wir fahren wollten, hat der Saller Wolfi gsagt, halt, stopp, bevor mir fahren, trinken wir noch einen schwedischen Kaffee. Und dann ham mir alle noch einen schwedischen Kaffee getrunken. Also, ein schwedischer Kaffee, das ist, da nimmt man eine große Tasse, schon einen Schapfen, und da schüttelt man ein bisserl einen Kaffee rein, dann schmeißt man ein Zehnerl rein, und dann schüttet man das Ganze mit einem Obstler oder einem Enzian wieder auf, so lang, bis man das Zehnerl wieder sieht. Der schwedische Kaffee, glaube ich, das ist ein altes Rezept aus der Ukraine. Mir ham dann diesen schwedischen Kaffee gsoffen und sind aber dann gleich danach heimgfahrn, weil mir ham ja dann am – jetzt muß ich nachdenken –, Herrgott, wann war's denn, daß ich nicht lüg … Ja, am anderen Tag – da ham mir dann das Symposium gehabt, das Symposium, mit denen von der Regierung, Regierungsmitglieder informieren Gemeinderäte, also, der Saller Wolfi war da, der Leinschwendner Sepp, der Bürgermeister war da, der Ziegler Fritz, na ja der Fritz sowieso, und der Weber Max. Der Max, doch, der war schon da. Weil mir uns noch gfragt ham, kommt er, der Max, oder kommt er nicht, aber der Max läßt sich doch kein Symposium entgehen, und das muß man auch gleich sagen, das Symposium mit denen von der Regierung, das war ein voller Erfolg. Ein voller Erfolg auf der ganzen Linie. I hab jetzt die Speisenkarte nicht im Kopf, aber die Herren von der Regierung haben einen Boscholää ausgeschenkt, einen solchen Boscholää, so einen Boscholää kriegst du nicht einmal in Boscholää. Es sind auch hochinteressante Fragen erörtert worden, kommunal … äh … und so weiter. Und der Weber Max hat auch einmal eine Frage gestellt, an den Regierungspräsidenten, übrigens ein fürchterlich gescheiter Mann, eine Kanone sozusagen, also, hat der Max gsagt, ja darf ich auch amal a Frage stelln? Da hat der Regierungspräsident gleich gesagt, weil er hat prompt reagiert, bitte sehr, Herr Weber, fragen Sie, was haben Sie auf dem Herzen. Da hat der Max gsagt, ja muß i denn bei eich so einen Boscholää saufen, habts denn es koan Sechsämtertropfen? Also, die Gespräche waren wirklich von höchstem Niveau. Und wir ham auch gleich gsagt, daß in dieser Angelegenheit wir gemeindeseits Tabula rasa machen, und ham gsagt: grünes Licht, beim Aufbau Europa solln wir nicht abseits stehen, und deshalb ham wir einstimmig gesagt, daß unsere Partnergemeinde Tomachlice bei den Tschechen, also die kriegen unsere Sondermülldeponie umsonst, weil s' ja sonst nichts ham. Und mir ham gsagt, die kriegen die Sondermülldeponie, auch wenn die Kaulquappennumerierer noch so schrein. Die quaken doch sowieso bloß noch wie die Frösche. So, und jetzt muß ich gleich gehen, ich muß jetzt zum Bräuwirt, weil wir ham jetzt gleich ein Arbeitsessen, weil der Saller Wolfi kommt, der Leinschwendner Sepp, der Bürgermeister kommt, der Ziegler Fritz, na ja der Fritz sowieso, weil der Pamplinger möchte jetzt direkt am Seeufer eine Lackfabrik aufstellen, direkt ans Seeufer, und da ham mir gesagt, so geht's nicht, was heißt da Arbeitsplätze, mir sind doch immerhin ein Luftkurort, sicher, wir ham jetzt das neue Konzept entwickelt in der Gemeinde, Luftkurort im Industriegebiet, aber eine Lackfabrik ans Seeufer stellen, so geht's nicht, und wir ham dem Pamplinger auch gesagt, bei dir ham mir schon oft ein Auge zugedrückt. Wir ham nichts gesagt, wie du die Pollacken in die Kühlräume versteckt hast. Wir ham auch ein Auge zugedrückt, wie du die Tamilen in dem Hundezwinger gehalten hast. Aber jetzt eine Lackfabrik ans Seeufer stellen, so geht's nicht. Mit einem Gemeinderat kann man nicht radlfahrn. Mir ham gesagt, schön, Pamplinger, wir genehmigen's, aber er muß ökologisch alle Auflagen erfüllen, und wenn da wirklich eine Lackfabrik entsteht, muß er um die ganze Lackfabrik einen Wilden Wein anpflanzen. Ob jetzt allerdings der Weber Max noch kommt zu dem Arbeitsessen, das steht jetzt in den Sternen, weil der Max sagt, er weiß nicht, ob er Entscheidungen in der Gemeinde von einer solchen Dimension, ob er da mit seiner alten Leber noch mitfahren kann. Der Max sagt, er bräuchte halt a neue Leber. Da ham mir gleich gsagt, Max, für dich bringma doch noch amal a neue Leber her. Da fahrn mir mit dir nach München in die Klinik, da wo's die neuen Lebern gibt, aber der Max ist heikel, richtig gschleckert ist er, weil er sagt, wenn er schon 'ne neue Leber will, dann muß das auch 'ne Leber sein, die wo Hand und Fuß hat. Einen alten Lappen läßt er sich nicht neiplantieren, am liebsten wär ihm so 'ne Leber von 'nem Moslem, sagt der Max, weil die dürfen nix saufn. Von der Religion aus. Und am liebsten hätt er halt 'ne Leber von 'nem jungen Fundamentalisten, weil die ham Lebern wie die Jungfraun, weil s' bloß a Mineralwasser trinka. Also, meine persönliche Meinung is, der Weber Max ist sicher bald wieder in unserem Gemeinderat tätig, und so wie ich die Situation politisch einschätze, fallen da drüben oder da drunten, da wird doch in Gottes Namen noch amal a Leber für'n Weber Max hergehn.

II

Attacke auf Geistesmensch

Haben Sie das gelesen in der Zeitung, wo der Schmierfink
das hineingeschrieben hat? Schreibt so einen Blödsinn –
von wegen Attacke auf Geistesmensch, also Schlagzeile
und so. Das ist doch eine Schweinerei, was sich dieser Zeitungsschmierer da erlaubt, alles erstunken und erlogen.
Weil das Ganze war vollkommen anders, und ich kann es
ja bezeugen, weil ich war ja dabei. Als Kron ..., Dings, ...
zeuge. Aber die Leute glauben halt immer das, was in der
Zeitung steht. Früher hättens solche Lügner vergast. Aber
heute könnens schreiben, was s' wollen. Also der Hergang
war in Wirklichkeit so: Wir ham beschlossen, daß wir einmal wieder aufs Oktoberfest gehen. Und ham gsagt, wir
gehen auf die Wiesn, nehmen wir aber keine Frauen mit,
weil wir wolln eine Gaudi haben. Pünktlich um fünf Uhr
haben wir uns dann am Haupteingang getroffen, und dann
hat der Adi gsagt, also jetzt, bevor wir anfangen, legen wir
uns erst einmal einen auf. Und dann ham wir ein bisserl
Feuerwasser zu uns genomma. Da hat dann der Adi gsagt,
na ja, jetzt sind wir auf dem Oktoberfest, und weil wir da
sind, fahrn wir gleich einmal mit der Geisterbahn. Wir
ham dann gsagt, Adi, Mensch, wir sind doch keine Kinder
mehr, die wo mit der Geisterbahn fahrn. Aber der Adi hat
drauf bestanden. Und hat geschrien, also nein, jetzt samma auf dem Oktoberfest, und jetzt fahrn wir mit der Geisterbahn. Also, tun wir ihm halt den Gefallen, ham wir
uns gedacht, und sind rein in die Geisterbahn. Der Adi ist
neben mir gesessen, und als der erste Geist daherkimmt,
da zieht der Adi plötzlich aus der Joppe einen Stuhlhaxn
heraus – ein Stuhlbein – und haut dem Geist – eine Art
Kreuzspinne – eine drauf, daß es nur so gekracht hat. Der

Geist war aus Gips, und da war dann nicht mehr viel übrig von dem Geist – nur noch so ein Drahtgeflecht, halt das Gerippe. Ja, sag ich, Adi, magst du keine Geister, nein, sagt er, ums Verrecken nicht, die hab ich noch nie leiden können. Und dann hat er jeden Geist, der dahergekommen ist, links und rechts mit dem Stuhlbein eine serviert. Und die Geister – wie gesagt – bestehen zumeist aus Gips, und in der Geisterbahn hat es gestaubt, wie wenn ein Mehlsack explodiert wäre, und die, die hinter uns gefahren sind, haben nur noch so Gipshäufchen angetroffen statt einen Geist. Nach dieser Fahrt haben wir uns dann alle an den Ausgang von dieser Geisterbahn hingestellt und haben uns die Gesichter von denen angeschaut, die nach uns gekommen sind, weil die haben schon ganz entgeistert dreingeschaut.

Mein Gott, das war eine Gaudi.

Doch dann war es soweit. Der Adi hat gesagt, also, jetzt ist es soweit, daß es soweit ist, und wir gehen ins Bierzelt. Am besten gehen wir ins Schottenhammelzelt, obwohl s' nur einen Spatenbräu haben. Aber innen drinnen war es bumsvoll. Kein Platz weit und breit. Ein Gewusel überall – nicht ein Platz. Weil einem die Scheißjapaner und Holländer immer die Plätze wegkaufen. Da hat der Adi dann gesagt, also wenn es so ist, dann gehen wir rüber in die Ochsenbraterei, wo die Ochsen sind, und vielleicht kriegen wir dann da einen Platz. Aber da war dann die nämliche Situation. Überall voll, und kein Platz nirgendwo. Ich erzähl das Ganze auch nur, weil mich der Zeitungsschmierer – so einem Kerl könnt ich einen Fußtritt geben, weil nichts wahr ist von dem, was er schreibt, und wenn's so ist, scheiß ich auf die Pressefreiheit –, so, und jetzt wird's interessant. In der Nähe, da wo der Ochse gebraten wird, vorn, ganz beim Ochsen selbst, ein großer Tisch – frei. Nur ein Mensch sitzt da, so ein Zwetschgenmanderl, so ein kleiner, mickriger Kerl halt, und sonst niemand. Alles frei. Jetzt ist der Adi gleich zu dem Zwetschgenmanderl hin und hat gefragt, aber ganz freundlich: Du, Spezi, ist da noch frei? Der Zwetschgenmanderl, sicher ein Ausländer, hat dann wild mit den Armen herumgefuchtelt. Deutsch hat er auch nicht können, aber er wollte quasi sagen, nein. Aber da hat der Adi gleich prompt reagiert und hat dem Zwetschgenmanderl gesagt – aber ganz freundlich –, daß wir uns richtig verstehen, wir sind insgesamt sieben Metzger. Und dann ham wir uns hingesetzt. Das war auch wirklich zünftig. Ein Bier ist gleich dahergekommen und Schweinswürsterl. Bloß das Zwetschgenmanderl hat sauer dreingeschaut und hat seine Gulaschsuppe gegessen. Da hat der Adi ein ganzes Salzfasserl genommen und hat es dem Zwetschgenmanderl in die Gulaschsuppe geschüttet und hat gesagt, sauer macht lustig, Spezi. Aber des Zwetschgenmanderl hat keinen Spaß nicht verstanden. Aber mir hatten eine Gaudi, und ich hab gleich noch einen Steckerlfisch gegessen. Und der Schnaps ist auch gelaufen und noch ein Bier. Und drum muß ich sagn, daß das mit der Pressefreiheit eine Schweinerei ist, und solche Zeitungsschmierer gehören mit einem Ochsenfiesel zusammengeschlagen. Weil jetzt kommt's, die Musik spielt »Ein Prosit der Gemütlichkeit«, das ganze Bier steht auf den Tischen, wir auch, und »Eins, zwei, drei – gsuffa« haben sie noch nicht gespielt – da kommt das Zwetschgenmanderl daher zum Adi und berührt ihn mit der Hand an der Joppn. Ich hab's genau gesehen, er hat ihm die Joppe angelangt und sagt: Police, police. Und so viel Englisch kann der Adi auch, und jetzt kommt es, was ich beschwören kann. Mit jedem Eid. Auch wenn's der Zeitungsschmierer gelogn hat. Der Adi hat überhaupt nicht zugeschlagen, von Zuschlagen kann keine Rede sein, sondern er hat dem Zwetschgenmanderl den Maßkrug lediglich auf dem Schädel aufgesetzt, und dann war eine Ruhe. Wir haben dann noch gleich ein Bier getrunken, und es war eine Bombenstimmung. Und ich habe noch einen türkischen Honig gegessen und einen Klosterlikör, also am Oktoberfest ist es schon schön. Vor allem, wenn man mit einer Blosn hingeht, also in Gesellschaft. Bloß am Nebentisch, da waren auch so Arschlöcher, das waren so Sachsen, aus der früheren Teterä. Der Adi hat denen auch gleich gesagt, sie sollen sich anständig benehmen und überhaupt einmal was arbeiten. Der Adi sagt, jetzt habts ihr vierzig Jahre lang im Bett rumgeflackt, und es ist schon eine Frechheit, daß sie jetzt daherkommen und unsere Hendl wegfressen. Da steht einer von diesen Rädelsführern auf und will auf den Adi losgehen, bloß, der Adi hat sich besonnen und hat gewußt, er läßt sich nicht provozieren, weil er ja das Stuhlbein unterm Tisch hat. Der Adi langt hinunter und zerrt so merkwürdig. Ich denke noch, was zerrt er denn so? Was ist denn das? Da zieht der Adi mit zwei Fingern das Zwetschgenmanderl an den Nasenlöchern herauf. Ja Herrschaft, ja verreck, ist der allweil noch da. Das Zwetschgenmanderl, und das muß man zugeben, hat nicht mehr gut ausgschaut, eher schlecht, und es ist auch gleich der Sanka gekommen, und dann hams ihn mitgenommen, in die Klinik. Und jetzt steht da in der Zeitung: Attacke auf Geistesmensch – Nobelpreisträger erleidet Schädelbasisbruch. Also sicher, so, wie der ausgschaut hat, das glaub ich schon, daß der so schnell keinen Nobelpreis mehr bekommt, aber ich bin der Meinung, wenn einer schon so fürchterlich studiert hat, dann muß er doch auch wissen, und soviel Hirn muß er haben, daß er wissen muß, daß man mit einem Kopf, der wo nichts aushält, daß man damit nicht aufs Oktoberfest geht.

Der Standort Deutschland

Ich beurteile unsere wirtschaftliche Situation bei uns mehr aus der Sicht der Gastronomie. Bei uns in Hausen – wir haben einen starken Anteil eines fluktuierenden Publikums, unsere Gäste kommen mit dem Auto – Ausflügler, aber auch Busse, darunter Ausländer – jetzt nicht nur nach ...sterreich – Italien – nein, man spürt den Osten – Tschechen – Kroaten – Ungarn – Polen, die nach Rom wollen, und die wollen alle Pommes frites – also, die Friteuse ist ein Segen, ohne Friteuse wäre heute kein Geld mehr zu verdienen. Aber schauen Sie – die Investitionen, die Sie heute machen müssen, sind – das ist ein Sachzwang, dem man sich nicht einfach entziehen kann. Es ist noch nicht lange her, da habe ich überlegt, ob ich eine neue Spülmaschine installiere oder eben einen Spüler – einen echten Spüler – nehme, also einen Menschen. Aber beim Arbeitsamt einen Spüler zu engagieren, noch dazu einen Deutschen, das ist, patriotisch gedacht, einwandfrei, aber betriebswirtschaftlich ein Fiasko. Über die Firma Secret Power habe ich dann den Herrn Napang Prabang ergattert. Am Anfang war ich noch skeptisch, ob sich die Investition gelohnt hat, aber über den Herrn Prabang ist mir die Misere und das ganze Dilemma unserer deutschen Situation klargeworden. Ich habe dem Herrn Prabang anfänglich einen Stundenlohn von 4,30 bezahlt und habe ihm auch gesagt, daß er unmittelbar mit einer Spülmaschine konkurriere, die ich von der Firma Quelle erworben hätte. Und der Herr Prabang war einsichtig – und er hat gesagt, er kenne die exzellenten Produkte dieser Firma. Und ich muß auch zur Ehrenrettung von Herrn Prabang sagen, er hat gearbeitet, ohne auf die Uhr zu schauen, also enorm – eine 70-Stunden-Woche mit zunehmender Tendenz. So, und jetzt zu unserer Realität – immer mehr Wahnsinnige in Brüssel bepflastern uns mit Auflagen im Küchenbereich – unglaublich, diese Keimfreifanatiker. Sie wissen doch selber – Abwassererhöhung – Müll – eine Inflation von Gebühren. Also habe ich nicht anders können, als den Kostendruck weiterzugeben, und habe den Posten Herrn Prabang garantiert, aber seinen Stundenlohn von DM 4,30 auf 3,10 absenken müssen. Aber er war sehr verständig. Er sagte auch zu mir, der Mensch muß wie ein Bambusrohr nachgeben, wenn der Wind bläst. Nicht blöd, die Asiaten. Ein Deutscher hängt an der Eiche, und dann bläst's ihn um.

Aber was dieser Waigel da anrichtet, das ist immer schwerer nachzuvollziehen. Überall Schikanen – kennen Sie den Paragraphendschungel, durch den Sie müssen, um dem Gast einen Erdäpfelsalat zu ermöglichen?

Dann dieser Solidaritätszuschlag. Dann Kirchensteuer sowieso. Und auf Drängen des Gewerbeaufsichtsamtes – aber die Drahtzieher sitzen in Brüssel – muß ich das Fett in der Friteuse jetzt noch öfter wechseln. Beim Fleisch hab ich echt nur Okkasionen in meiner Küche gehabt. Tschechische Waren, die dann über Griechenland zum portugiesischen Biofleisch avanciert sind. Aber trotzdem, ich habe leider meine Offerte an den Herrn Prabang zurückziehen müssen, und wir haben einen Mittelweg gefunden. Also der Herr Prabang arbeitet jetzt 80 Stunden, kriegt dafür DM 2,60 und das Trinkwasser ist umsonst. Welcher Deutsche würde da noch mitziehen? Aber mit größter Sorge betrachte ich die weitere Entwicklung. Immer mehr wandern ab, also, der Waigel muß sich da schon noch was einfallen lassen. Und wenn diese Grünen mit den Roten tatsächlich sich auf eine Koalition einigen, dann sehe ich schwarz – Benzinpreiserhöhung. Kein Schwarzgeld mehr – also keine, wie auch immer geartete Promotion, was die Wirtschaft schmiert. Wahrscheinlich würde man mir meine Pommes frites in der jetzigen Form nicht mehr gestatten, und dann wäre ich gezwungen, dem Herrn Prabang einen Stundenlohn anzubieten, der unter einer Mark liegt. Und die D-Mark ist sowieso überbewertet. Aber der Herr Prabang hat mir schon angedeutet, daß er in diesem Fall sich einen neuen Wirtschaftsstandort suchen würde – er tendiert nach Asien. Er sagt, der Gradmesser für wirtschaftlichen Fortschritt bei ihm ist eine Handvoll Reis, und darunter, sagt er, tut er's nicht. Und irgendwie, ich weiß nicht, wie es Ihnen geht, kann ich den Herrn Prabang verstehen.

Quanto costa

Die Tatsache, daß wir Deutsche den Zweiten Weltkrieg gewonnen haben, verdanken wir meiner Ansicht nach eindeutig dem Amerikaner. Wem sonst? – Aber der Amerikaner natürlich, der laßt sich das – der sagt: »I dont' pay.« – Und wir zahlen, seitdem zahlen wir – wir zahlen alles. Ja, glaubst du, daß zum Beispiel uns das Afrika jemals rentiert? – Wir zahlen alles … Südamerika, die Spanier haben's nur ausgepreßt wie ein Schwamm – und wir zahlen's. Was ist denn in dem Südamerika noch drin? Ein paar Fußballer. – Wir zahlen alles. Rußland – ein Faß ohne Boden. Wahnsinn. Dann Polen – nein, über Polen brauchen wir gar nicht zu reden. Warum kommen die zu uns? Weil sie Geld wollen – wir zahlen's. Israel – Schwamm drüber, da brauchen wir gar nicht reden. Albanier, da zahlen wir, daß sie unten bleiben, und wenn sie raufkommen, dann zahlen wir, daß sie wieder runtergehen. Wir zahlen alles. Alles wird bezahlt. Wir zahlen und zahlen. Wenn irgendwo in Asien eine Wüste austrocknet – wer zahlt die? Wir. – Wenn in Taiwan ein Puff brennt – das zahlen wir auch … Wir zahlen alles!

Aber irgendwann hab ich die Schnauz voll. Irgendwann mag ich nicht mehr zahlen. Der Kanzler raucht eine Havanna, ja, wer zahlt's? Doch nicht der Castro – die zahlen wir. – Und der Umzug nach Berlin, was das Geld geko-

stet ... dieser Umzug! Ich weiß ja, wovon ich rede. Ich bin
ja Beamter – ich bin A 15, was ich allein für Ansprüche
hab an den Staat. Ja, wer soll denn das noch zahlen? Was
ich den Staat jeden Tag koste. Das ist ja Wahnsinn.
Manchmal denk ich mir, besser wär es gewesen, wir hätten den Krieg verloren.

Der Gedanke

Äh – ja, sagen wir mal so, das war – also im Grunde genommen – der – der Doktor – also – der Doktor Bödele,
das Ganze geht ja vom Doktor Bödele aus. Ich hab auch
nicht damit gerechnet, gell, ich bin ja dazu gekommen wie
die Jungfrau zum Kind. Ich bin – ich bin – durch den
Gang gegangen, weil ich wollte aufs Klo, da bin ich dem
Doktor Bödele in den Wurf gekommen. Ich hab ja nicht
damit gerechnet. Da kommt er, der Doktor Bödele, und
da sagt er, weil er sagt, am Montag – am Montag sagt er,
gibt es ein Buffet, und dann wird dieses Trainingsab-
schlußgespräch gemacht, wegen die ... und so weiter. Und
er sagt, dann, bei diesem Anlaß machen wir auch gleich
die Verabschiedung von Herrn Dietz, gell – von der Aus-
lieferung, also vom Dispatch – vom Dietz, weil der Dietz
ist doch aus der Firma ausgeschieden – worden, und – und
dann sagt der Doktor Bödele: »Und Sie, bitte machen
Sie sich einen Gedanken, und den können Sie dann da
hervorbringen.« Da hab ich noch gesagt: »Was! Über
den Dietz?« – »Ja«, sagt er, »machen Sie sich einen Gedanken.«
  Und, weil, ich mein – sonst reden sie immer von Sparmaßnahmen. Da hab ich noch gesagt: »Ja, Herr Doktor
Bödele, wer macht sich denn heute noch einen Gedanken
selber?« Ich sag: »Vielleicht, ja, weil vielleicht haben wir
noch einen übrig. Da könnten wir den verwenden – ir-

gendeinen Secondhand-Gedanken, oder? Gut recycelt oder irgendwie ...« – »Nein«, sagt er. »Sie machen das.« – Ja, was soll ich machen? Der Ober sticht den Unter. Ich hätte natürlich dem Doktor Bödele widersprechen können, aber das mach ich nicht. Ich bin ja nicht blöd. Ja, also es hat nichts geholfen. Und ich muß wirklich sagen, diese Woche – diese Woche, das vergeß ich nicht mehr. Diese Woche. Penetrant. Und Sie wissen, wie die Frauen sind. Und meine Frau. Permanent, gell. – Ständig: »Hast du dir den Gedanken schon gemacht?« Sag ich: »Ich bin ja grad dabei.« – »Ja, du weißt, am Montag mußt du mit dem Gedanken herkommen, wann kommt er denn?« Sag ich: »Ja, frag ihn selber.« Ah geh!

Ja, wo ist er, der Gedanke? Wo? Sag ich: Wo? Ich bin ja sowieso allergisch ... diese, diese, diese Wie-Fragen: warum, weshalb, wann, wie – und vor allem, wo. Das Wo kann ich überhaupt nicht ... wenn ich »Wo« höre, wird's mir schon schlecht. Weil – das ist eine der deutschesten Fragen. Entschuldigung, wenn ich das so sage. Nein, das stimmt. Das bringt nur ein Deutscher fertig. Nur ein Deutscher bringt es fertig, einen Hund, wenn der am Trottoir da sitzt – zu ihm hinzugehen und ihn zu fragen: Ja, wo ist er denn? Und der Hund, weil er von der Frage überrumpelt ist natürlich, sagt nichts. Und da sagt der Deutsche zu ihm: Ja, da ist er ja! – Glauben Sie, daß das ein Engländer macht? Glauben Sie, ein Engländer geht zu einem Hund hin und fragt ihn: Where is he? Und wenn der Hund nichts sagt: Ah, he is here. Also, so ein Schmarrn. Die Engländer haben ja ganz andere Fragen. Die Engländer sagen: To be or not to be, that's the question. Die Engländer haben eine Question, und wir fragen: Ja, wo ist er denn? – Na ja, Schwamm drüber.

Aber eins muß ich sagen. Also, tatsächlich, ich geb es ja zu. Ich geb es ja zu! Am Donnerstag war der Gedanke noch nicht anwesend. Und am Freitag auch nicht. Jetzt hab ich schon gemerkt, jetzt wird's eng. Ja, wo bring ich jetzt den Gedanken her, wie mach ich das? – Einer, der fischt, der angelt, der weiß das. Der sagt: Wenn ich einen Fisch will, dann muß ich an den Haken ein Ding hinhängen, einen Köder ... einen Köder, kein Köter, ein Köder. Ein Köter kann man für einen Haifisch hinhängen, aber ... ich mein einen Köder, einen Lockvogel, damit er anbeißt, der Fisch. Aber was kriegt jetzt der ... worauf beißt denn der Gedanke an? Jetzt hab ich mich entschlossen, daß ich ihm eine Zwei-Liter-Bombe Valpolicella hinstelle.

Wenn er kommt, der Gedanke, bei mir kommt er rein ins Wohnzimmer, sieht den Valpolicella, dann – ssssst – dann kreist er drum herum, und – pffuuuit – dann hab ich ihn gefaßt. Aber der Gedanke hat auf den Valpolicella nicht angesprochen, jetzt war ich gezwungen, noch zwei Flaschen Bardolino nachzuschieben. Auch umsonst. Ich hab dem Gedanken alles an Lockmitteln, was ich zur Verfügung gehabt hab, habe ich ihm hingestellt: Marillenschnaps, Zwetschgenwasser, einen Obstler hab ich ihm hin, ein Wodka hab ich ihm hin, ein Rum hab ich ihm hin und zum Schluß noch einen Jägermeister. Ich war am andern Tag wie gerädert – aber gedankenlos. Da sieht man, wie man diesen Gedanken ausgeliefert ist. Diese Gedanken kommen, kommen nicht, die machen, was sie wollen. Da kann ich hinstellen, was ich will. Da merkt man ... diese Ohnmacht, diese ... diese Gedanken sind ein ambulantes Geschwerl, unzuverlässig. – Bitte? Ja, zum Beispiel einem Spezi von mir, dem Hinrenner Rudi ... dem Rudi, dem ist das passiert. Der Rudi sagt's ja selber: Es ist ihm widerfahren. Der Rudi sagt: Ihm ist ein Gedanke förmlich entwischt, gell – der Gedanke, sagt er, ist ihm ausgekommen. Und der Rudi sagt: Er hat gar nicht gewußt, daß er einen gehabt hat. Der Rudi sagt: Wahrscheinlich war's bloß ein Hintergedanke. Der Rudi sagt: Wenn er gewußt hätte, daß er einen hat, hätte er ihn ja versteuert.

Nein, also, ich kann nur immer wieder sagen ... und wenn man dann da so dahockt und auf so einen Gedanken

wartet – wie ein Idiot, wie ein Depp. Und man ist selber
aber da, der Valpolicella wär schon da, und man hätte,
man hätte so, und man braucht halt überhaupt auf einen
Gedanken nicht zu warten, da kommen in einem inwen-
dig so Gefühle auf. Und da fühlt man, im Grunde seines
Wesens ist der Mensch ein Gefühlsmensch, ein Gefühls-
wesen, und die Gedanken können einem am Arsch lecken.
Am Montag? Ja, ich hab dann schon – ich bin dann schon
angetreten, ich hab halt statt fünf Minuten eine halbe
Stunde gesprochen. Weil ich keinen Gedanken dabeigehabt hab, da dauert das länger. Und der Doktor Bödele
hat gesagt: »Großartig, das war ein Brillantfeuerwerk.« –
Was? Der Dietz? Der Dietz, ja, der war sowieso nicht da.

Der Schuldenkäufer

Herr Nagy! He, Herr Nagy – des is doch der Herr Nagy –,
was machen denn Sie hier?
Ein Mann verläßt stumm und hastig den Saal.
Des war sicher der Herr Nagy – mit Sicherheit –, dem
muß einer eine Karte geschenkt haben, sonst könnt der sich
das niemals leisten, daß der hier reingeht. Wie lang betru
ich jetzt schon den Herrn Nagy? Ich hab ihn von der Freibank gekauft für 15 000. Also für 15 000 hat ihn mir die
Freibank veräußert als eine Art Sonderangebot, weil er bei
ihnen mit 160 000 hängengeblieben is. Dann habens ihn zuerst durch den Fleischwolf drehen lassen, die Firma heißt
nicht Fleischwolf, obwohl, das wär ein schöner Name, sondern des is der Inkasso Schimmelbrot, und der hat ihn noch
amal ausgeputzt, das heißt, der hat ihn halt auf den Kopf
gestellt, dann hams a bißl draufgeklopft, mit einem Ge-
richtsvollzieher, Titel, OE-Anordnung und so weiter, alles
da. Dann hams noch amal 30 000 aus ihm herausgezuzelt.
Und nach diesem ersten Aderlaß hat ihn mir die Freibank,

wohlgemerkt, für 15 000 überlassen. So sinds, die Banken. Was? Ja, was ist schon der Einbruch in eine Bank gegen die Gründung einer Bank, genau, vom Ding. Weil – damit ich's gründlich genug sag – 130000 ist der Herr Nagy wert, theoretisch auf dem Papier, weil bis daß der noch was von sich gibt, muß ich schon schwer die Daumenschrauben anziehen. Jetzt sagen Sie: Bloß 15 000 Investitionen bei einer Einnahmemöglichkeit von 130000! 130000 minus 15 000 sind 115000 Mark. Aber, bitte vergessen Sie nicht, die 150000 muß ich mir aus dem Nagy erst einmal herausholen, das ist doch die Kunst – wo nichts ist, hat der Kaiser sein Recht verloren. Die Banken verschenken doch nichts, das kann ich Ihnen blanko sagen. Diese Banken sind in einer Weise unseriös geworden, das ist skandalös. Weil diese Banken verkaufen ihre Schuldner, denen die Luft wegbleibt, also normale Hausbesitzer, mittlere Kreditnehmer, die wegen Krankheit oder vielleicht auch wegen simpler Blödheit hängengeblieben sind und nicht mehr flöten können, immer gleich an die Inkassobüros. Die Bank läßt sich von den Inkassobüros den Mann pekuniär röntgen, und die, wie der Schimmelbrot, nehmen dann den Delinquenten aus, brechen ihn auf, gehen ihm an die Eingeweide, und was übrig bleibt, steckens in die Gefriertruhe, und ich kann dann so tiefgefrorene Knochen kaufen wie diesen Herrn Nagy. Selbst mehrere Knochen wie der geben noch keine gescheite Suppe. Gut, ich hab jetzt dreißig Jahre Zeit, daß ich mir das Geld hol, aber der Herr Nagy ist ein Single, wechselnder Wohnort wie alle Singles, ambulant, halt das Gegenteil von einer Immobilie. Glauben Sie es mir, unsereiner will ja auch leben. Schaun S', in meinem Fall, ich hab 3500 Mark feste Kosten, meine ältere Tochter studiert Kunstgeschichte, mei Bub macht nächstes Jahr das Abitur, meine Frau ist daheim und macht neben dem Haushalt das Büro. Ein Monat ist schnell rum … So … Sie wissen mir auch keinen, einen Gorilla? Das ist ja sowieso heute mit das Schwierigste, einen zu finden, der den Klienten bei der Be-

treuung nicht gleich umbringt oder zum Invaliden macht.
So primitive Schläger kann man schnell amal engagieren,
aber die richten eher mehr Schäden als Nutzen an und kosten auch. Jemand – ich leg gar keinen Wert drauf, daß er
zuschlägt –, der so jemanden wie Herrn Nagy amal vor die
Brust nimmt und ihn so anschaut, daß ihm sein Kreislauf
amal a bißl ins Stottern kommt, so was kann halt fast nur
noch a Künstler. Solche Gorillas sind immer schwerer her-
zukriegen, und wenn, dann wissen die auch, was sie wert
sind. Die Bänker wissen schon, wie schwer das Geschäft
ist. Früher, ja, bei der Bayerischen Freibank, der Direktor
Mechow, der hat noch an Stil ghabt, der hat mir auch
manchmal im Paket noch eine Familie verkauft. Die haben
einen festen Wohnsitz – mit einem kalkulierten, sagen wir
einmal, Psychoterror, da werden die weich, da is eine Wohnung da, da gibt's ein Kindergeld, selbst wenn's Sozialemp-
fänger sind, da ist noch eine Zahlungsmoral, ein Verant-
wortungsbewußtsein. Aber diese Banken, sprich, da sinds
am Puls des Zeitgeistes. Die Freibank, vorige Woche, hat
mir eine Familie angedreht. Was kost die Familie, hab ich
gfragt, wenn ich s' kauf? 10000 cash, hams gsagt. Wieviel
Schuldenmasse gibt die Familie ab? 150000 hams gsagt.
10000 gut, aber no more, sage ich, aber vorher test ich s'
noch amal. Weil 10000 Mark, der Preis klingt märchenhaft.
Ich kauf doch keine Katze im Sack. – Dann hab ich s' ge-
testet, ohne Gorilla. Erst einmal selber in der Früh hab ich
wieder angerufen, a bißl telefonieren. Hab ihnen gesagt,
daß ich ihr neuer Treugeber bin und wo mein Geld bleibt.
Hab halt mit der Therapie begonnen, um halb vier in der
Früh hab ich wieder angerufen, hab a bißl was von einem
Krampus erzählt und vom schwarzen Mann. In der Früh
les ich's schon in der Zeitung. Schlagzeile: »Familiendrama
im vierten Stock«, weil der Mann hat des eine Kind mit
dem Messer abgeschlachtet, die Frau des andere Kind in
der Badewanne mit'm Fön, ah, und dann is er zum Fenster
rausgesprungen. Diese Journalisten, das sind Geschäftsleu-

te, verkaufen eine Riesenauflage, dabei waren die noch warm. Und des mit der Not anderer. So – jetzt schaun ma halt, jetzt geh i amal zum Franziskaner und kauf mir a Halbe oder zwei, und dann wernma uns a bißl um an Herrn Nagy kümmern.

Ein Amateur

Roland Stump nach seiner Festnahme.

Selbstverständlich hätt ich Milbertshofen auch nehma können, technisch is des doch gar koa Problem. Net. I hab's euch doch bewiesen! I hab halt Milbertshofen nicht gnommen, weil da a Tante von mir wohnt. Net. Aber, ich hab ja auch genau und ausdrücklich gsagt, Pasing! Ich hab gsagt, ich spreng Pasing in d' Luft, wenn ich die zwei Millionen net präzise bis zum 7. 5. krieg, und es habts nicht bezahlt. Gell. Und ich hab auch nur Pasing gesprengt, ich hab also … es is … nichts anderes is mitgegangen. Laim und as Westkreuz und all des, da is gar nichts vorgekommen, net. Weil, i beherrsch ja des. Ich bin ja koa Amateur. – Und ich besteh drauf, daß i nauskomm nach Straubing, ich möcht nicht nach Stadelheim ins Gefängnis, sondern nach Straubing, hundert Kilometer weg von München, weil wenn mei Spezi, der wo jetzt dran arbeitet an der Bombe, ich sag's euch gleich, mei Spezi is nicht dieser, ah, dieser Spezialist. Der arbeitet seit drei Monaten erst dran an dieser Bombe, der kann des halt no net aso, des Dosieren. Net. Wenn der heut sagt, ah, Haidhausen, oder er sprengt Schwabing, oder irgend so was, der kann des nicht genau abgrenzen. Der kann's halt no net. Des is gar net a böse Absicht von dem, aber, ich mein, a gewisse Überdosis bei dem, etwas Unvorhergesehens, net, na zreißt's ganz München. Jetzt zahlts! Ich sag's euch glei, zahlts eahm! Des hat doch koan Sinn net, ihr seids ja wahnsinnig.

III

Der Kaiser Nero

Ja, muß das sein, hä? Braucht's das, hä? Braucht es das?
Ein Saukerl! Ja, ich rede von meinem Sohn. Das muß man
sich vorstellen, und jetzt noch vor Weihnachten. Kommt
der Kerl daher und bringt mir im Fach Geschichte einen
Fünfer. Einen Fünfer im Fach Geschichte, das ist der
Hammer! Geschichte ist doch ein Fach, was einen interessiert, da habe ich keinen Fünfer – zu haben. Geschichte,
das ist doch hochinteressant, ich sag, komm, bring ihn in
Religion, scheißegal, aber doch nicht in Geschichte. Na,
aber in Religion hat er einen Zweier. Das macht er mir
zum Fleiß, na ja. Geschichte, ich weiß nicht, wie Sie darüber denken, aber Geschichte ist doch hochinteressant.
Warum der einen Fünfer hat? Das kann ich Ihnen schon
sagen, warum der einen Fünfer hat. Warum hat der einen
Fünfer in Geschichte? Weil er den Kaiser Nero nicht ge-
kannt hat. Nein, der geht auf ein bayerisches Gymnasium
und kennt den Kaiser Nero nicht. Weil er ihn verwechselt
hat mit diesem Schwarzenegger. Wo doch heute in ganz
Europa ein jedes Kind weiß, daß der Kaiser Nero der Pe-
ter Ustinov ist. Es ist traurig. Geschichte ist doch ein
Fach, ich weiß nicht, das war doch hochinteressant, was
man da gelernt hat. Menschlich auch, gell? Wie man diese
Jahrtausende und auch diese Antike, also, enorm. Dieser
Ding zum Beispiel, dieser Hur, nicht. Wenn dieser Hur
durch die Arena da mit Pferdegetrappel durchgepprescht
ist, trumtrumtrum, nicht wahr, dann ist wieder einer run-
tergefallen, von den Pferden zerstampft worden, daß das
Blut nur so gespritzt ist, daß man sogar im Kino: »Hä!«
Aber das ist Geschichte, hochinteressant, hochinteressant!
Oder wenn diese armen Schweine da, diese Sklaven, wenn

man diese Sklaven verchristet hat, nicht wahr. Ja, die wurden verchristet und dann zu Fackeln verarbeitet. Das hat man gemacht, weil die Straßenbeleuchtung in Rom so miserabel war. Also nein, das ist traurig, das ist ekelhaft. Traurig, hähä, aber ich meine, hochinteressant. Vom geschichtlichen Standpunkt her hochinteressant. Schauen Sie, ich kann von mir reden, ich weiß nicht, wie es Ihnen geht, aber ich habe, das kann ich mit Fug und Recht sagen, ich habe die gesamte Französische Revolution, die habe ich noch auf Schwarzweiß gesehen. Ja sicher, die ganze Französische Revolution. Brrrrrrum, Trommelwirbel, brrrrrrum! Und dann: pftsch. Das war die Guillotine, der Vorläufer der Friteuse. Na ja, ich sage, wenn ich diese Nero-Filme nicht gesehen hätte, wüßte ich heute noch nicht, daß dieser Ustinov zum Beispiel Rom angezündet hat.

Bildung

Kennen Sie den jungen Neumeier? Kennen Sie den nicht, den jungen Neumeier? Den kennen S' schon, das ist der – der hat ja noch den Bruder, aber der ist ja jetzt, glaub ich in – ich weiß nicht, wo der ist –, der ist, glaube ich, in Südamerika oder so. Nein, ich mein den jungen Neumeier. Jetzt hat er ja das Abitur, hat er ja endlich geschafft, mit 3,6 – ja, keine Glanznummer, nein, das kann man gewiß nicht sagen, nein, keine Glanznummer, aber jetzt kann er, er hat halt das Abitur, jetzt hat er sich's verdakkelt, jetzt hat er halt die Berechtigung, daß er die Zulassung kriegt für die Prüfung, damit er das Examen machen kann als – Bademeister in städtischen Schwimmbädern. – Wissen Sie, ich sag halt immer, man muß halt, gerade in der heutigen Zeit, muß man, wie soll ich sagen, immer wieder neu lernen. Man kann den alten Stiefel nicht ein-

fach so weitermachen, das geht nicht. Ich meine, heute –
sag jetzt ich einmal – kommt es vielmehr drauf an – sagen
wir mal – oder umgekehrt –, kommt es nicht so sehr drauf
an, was man kann, sondern was man gelernt hat. Und sagen wir mal – wissen Sie – so Talente, so offensichtliche
Talente bei einem Kind, daß man gleich frühzeitig erkennt
bei einem Dreijährigen oder, sagt man, der wird einmal
Zahnarzt oder Steuerberater – die sind selten, ganz selten.
So wie der russische Präsident, den habens als Kind gefragt, was er werden will. Dann hat er gesagt: Spion. Er ist
aa Spion geworden, aus Leidenschaft. Und ich sag jetzt
mal, der hat ja eine solide Ausbildung. Jetzt wenn er als
Präsident einmal abgesetzt wird oder erschossen wird
oder was, spionieren kann er dann immer noch. – Also,
ich sag halt … Wissen Sie, und Bildung – es geht ja auch
ein bißchen um die Bildung –, Bildung als solches. Also,
schauen Sie, ich bin – wann war denn das? Ich bin vor ein
paar Tagen, bin ich von Miesbach nach Darching gefahren. Sitze also im Zug drin, sitzt neben mir ein junger
Mensch – und was macht er? Er tut ein Kreuzworträtsel
lösen, das heißt, er probiert's. Also, die Frage war: An
welchem Fluß liegt Frankfurt am Main? Vier Buchstaben.
Ja, glauben Sie, der hätte des rausbracht? Nicht ums Verrecken. Sag ich: »Schauen S' mal: Main.« Sagt er: »Ja, das
stimmt.« Sag ich: »Gell, wir haben kein Abitur, aber wir
haben auch was gelernt.« Und dann hat er halt ein bißchen erzählt, er sagt – er ist ein Fahrschüler –, er sagt, es
hat ihn durch – also, er ist durchgefallen. Und er muß, –
sagt er, das ganze nächste Jahr muß er wieder Latein und
Griechisch – und Physik und Chemie und Geschichte und
Erdkunde und so weiter – und Religion, das muß er wieder lernen. Da sag ich: »Ja, sind Sie denn da so schlecht?«
Da sagt er, nein, nein, das hat er ja alles bestanden, aber in
Mathe hat er einen Sechser, da ist er durchgefallen. Dann
sag ich: »Ja, warum müssen Sie denn das ganze nächste
Jahr das noch einmal machen, was Sie schon studiert ha-

ben, was Sie ja schon können.« Da sagt er, er muß jetzt so lange wieder Latein lernen, bis er endlich in Mathe gut ist. Er sagt, das ist das bayerische Bildungssystem. Er sagt, da kommt man nicht drum herum. Und ich sag – wissen Sie … Nein … Es wird auch sehr viel verlangt, grad bei uns, das hört man immer wieder, grad in Bayern. Also, das ist nicht mehr so – ja, wie soll ich sagen … Einer wie der Shakespeare – ob sich der bei uns durchsetzen würde, heute … Ich mein, der hatte ja gar kein Abitur, der Shakespeare – kein Abitur! Und wenn er es gehabt hätte, hätte er ein englisches Abitur gehabt, und da würde es in Bayern ausbeißen, das wär gar nicht anerkannt, nein … Der Shakespeare war halt irgend so eine Sonderbegabung – ein Sonderling. Ja, der Ding hatte auch kein Abitur, der Leonardo da Vinci – kein Abitur! Während der Scharping – der hat's. – Ja, nicht das bayerische, aber irgendeins halt. Oder, wissen Sie, ich sag halt nur, es wird heute, zum Beispiel bei dem, was heute verlangt wird. Ob selbst solche Genies, wie – sagen wir mal der Mozart –, ob der, also, durchfallen würde er vielleicht nicht. Aber ob der bei uns in Musik ein Einser gekriegt hätte, da hätte ich meine Bedenken. Wahrscheinlich kriegt er einen guten Dreier. Weil die täten sagen, ganz nette Ideen, aber in der Durchführung schlampig. – Oder auch der Ding, wie heißt er, Michelangelo – kein Abitur! Das heißt, ich weiß ja nicht, was er für eine Ausbildung hat. Aber daß der damals so schnell eine Baugenehmigung für den Petersdom gekriegt hat – das wär bei uns nicht möglich. Ich mein, in Italien heute, Vitamin B. Das weiß man ja, wie es ist. Und die Italiener, sie bauen ja ganz gefällig, das kann man nicht bestreiten. Aber kaum kommt ein Erdbeben daher, bröselt alles zusammen. Da ist das in Deutschland schon anders. Bei uns muß man Architektur studieren, da kann man sich nicht einen Doktor kaufen wie in Italien. Das geht nicht, oder einen Architekt. Bei uns muß man auf die TU – und dann darf man bauen. Wie in München, das sieht man ja.

Das sind alles stabile Sachen. Anders geht's ja auch nicht. Ich tät in München auch mal, wie in Rom, ich tät auch das Licht ausmachen und bloß die Sachen anstrahlen, die sie vor dreißig Jahren gebaut haben. München leuchtet, aber das trauen sie sich nicht. Ich weiß auch nicht, warum. Aber keiner traut sich das. – Und, wissen Sie, Bildung ist ja auch generell eine Herzensangelegenheit. Bei der Bildung ist ja nicht bloß ... daß man irgendwie gebildet ist, sondern die Bildung bringt den Menschen dazu, daß er wieder auf das Einfache kommt. Nicht auf das Hochgestochene. Das ist der Sinn der Bildung. Schauen Sie, einen Strauß, Franz Josef Strauß, ein gebildeter Mann, aber dem hat man einen Obatztn gegeben, da war er zufrieden. – Und Goethe hat Frankfurter Würschtl und so ... Ich sag's nur ... diese Leute sind zwar alle sehr ge... Schauen Sie, wir haben doch den Nachbarn, den Doktor Brezner. Der ist beim Siemens zweifacher Doktor, ein gescheiter Mann – der Mann ist ja ganz vergeistigt! Aber eins muß ich auch sagen, es gibt so Leute, so Akademiker ... Also, sie sind gescheit, müssen sie ja sein, aber für gewisse Sachen haben sie dann doch ... Irgendwie was übersehen sie. Sagt der Doktor Brezner, daß der Schwamminger Sepp, sagt er, das wäre ein natürliche Persönlichkeit. Sag ich: »Jetzt hören Sie auf! Herr Doktor Brezner, der Schwamminger ... Was heißt denn hier natürlich, das ist ein gescherter Rammel. Sehen Sie das nicht? Ein Mensch, der, wenn er sich schneuzt, da ein Nasenloch zuhält und einem dann a so ein Glachl vor d' Füß rotzt.« Aber das sieht er nicht, nein, das sieht er nicht. Manche Leute, die sind so gebildet – und aber wieder ... Aber es gibt auch andere Sachen, Leute, die keine Schulbildung haben. Zum Beispiel der Hitler, den haben sie aus jeder Schule rausgeschmissen – jede Schule! Und er hat trotzdem seinen Weg gemacht! – Also, man sieht, es geht auch ohne Schule, Gott sei Dank gibt's noch Möglichkeiten ...

Die Wegbeschreibung

Das Telefon klingelt. Udo Kaiser hebt ab.

Kaiser?! Ja, die Hilde. – Habts unsre Karte gekriegt mit der neuen Nummer? Des is aber nett, daß d' anrufst. Was? – Ja, hähähä. Hilde, naa, mir wohna scho lang nimmer in der City. Nanaa, mir wohnen jetz da heraußt im Grünen. Ja … also naa, also, Bauern sind mir keine gewordn. Was? Was is? Ja komm doch amal raus. Kommts halt amal raus, Hilde. 's is wunderbar hier. Wies d' rauskommst? – Des is ganz einfach, Hilde, paß auf. Du mußt die Nordspange, die Zubringerstraße – Autobahn, ja da mußt runterfahrn. Ja, des is jetz noch a bisserl kompliziert, weil da wird noch gebaut, weil in a paar Jahr ham mir die Autobahn dann praktisch direkt vor der Haustür – aber jetz mußt halt dann die Nordspange bei dem, äh, mußt runterfahrn bei der Mülldeponie. Aber erst die zweite Ausfahrt, praktisch wo die Sondermülldeponie is. Da kommt dann aso a Schnellstraße. Dann an dieser Sondermülldeponie vorbei. Die konn ma gar net verf… Des is … Kläranlagen sind da und diese … ja, ja. Dann hältst dich links an der Autofabrik vorbei, die machen hauptsächlich so Lkws. – Diese lange, riesige Mauer und dieser hohe Drahtzaun mit dem Stacheldraht und dahinter die ganzen Laster. Gell, also diese Schnellstraße fahrst du immer hart entlang, bis du zur Möbelfabrik kommst. – Heißen die? – Ja, des siehst schon, des is nicht zum Übersehn, ein Riesengebäude … Mit so Fahnen heraußt, ja, genau. Gradaus an dem Discount vorbei, da kommt noch a Discount, die ham so Zubehörhandel. Also, da is wieder so a Möbelhaus, net – Möbelhaus Lila. So violett, so a großer lila Bau. Scharf links, und da siehgst dann auch schon die ersten Hochhäuser. Da ist dann die, Zaunkönigstraße heißt die, gell, Hilde. Da mußt also abbiegen, noch mal links. Also, links rein, gell. – Auf der andern Seite is ja aso a Schredderanlage, da kann ma gar net reinfahrn. Des siehst. Und dann siehst du schon a zweite Garnitur Hochhäuser. 's sind also schon ganz schöne Waschel, also, gell, große, äh, Dings. De siehst schon, die sind am Ende. Des is so a Industriestraße. Dann … Jetzt muaßt aufpaßn. Direkt neben de Hochhäuser ist ein Umspannungswerk. Des sieht ma wieder an dene Hochspannungsmastn, die dann weggehn – die gehn nach alle Seitn weg. Muaßt schaun, da sind auch so a paar Bäume drumrum, und da sind riesige Strommastn, gell. Und unter dene Strommastn am Umspannwerk vorbei fahrst in Richtung zu diesem Müllverbrennungskraftwerk, ja. Diese Müllverbrennungsanlage, ja, so a großer blauer Berg mit'm Mordsschornstein oben drauf, net. Des is des Wärmekraftwerk, des is dahinter, aber da fahrst davor schon wieder rechts weg. Vorm Wärmekraftwerk, wie gsagt, wieder rechts und da siehst du dann, des is so a kanariengelber Bau – des is wieder a Möbelhaus. Untn is so a Schild von ara »Trauerhilfe«. Halbrechts nei. Auf der andern Seite is aso a Squash-Center, ja. Dann kommt eine dritte Garnitur Hochhäuser, und dann bist nimmer weit. Dann die Wiedehopfstraße. Genau, net. Hinter diesen Hochhäusern da sind dann ungefähr so circa vierzig Bungalows. Da is noch mal so a großes Einkaufscenter und dann kommen diese Bungalows. Ja, vierzig, a paar sind noch im Bau, ja. Is a ganz schöne Baustelle. Und mir sind da mittendrin, da muaßt reinfahrn, weil des geht da so im Kreis durch die ganze Siedlung durch, ja, so a Kreisverkehr. Also in der Mitte. Des is Nummer 27, gell. Des kannst ganz leicht finden. Mir ham an Messingknopf an der Tür, gell, ja …

Die Garage

Und? Gefällt sie Ihnen? Sicher, es war für den Architekten, den Bachmeier Toni, eine Herausforderung an dieser Stelle, also topographisch, eine Garage zu erstellen, wo man mit Fug und Recht von einer Garage sprechen kann. Das Wort Garage kommt ja aus dem Französischen. Und der Bachmeier Toni ist aber auch ein international erfahrener Garagendesigner, ein Garagist, oder, wie sagt man eigentlich, Garagier. Der Toni hat ja auch schon in Oberösterreich Garagen erstellt. Vom Finanziellen will ich lieber gar nicht reden. Aber vom Stil her, weil der Toni mich noch gefragt hat, wie willst du die Garage haben, vielleicht postmodern? Da sage ich, Toni, du bist doch der Künstler und Architekt. Machen wir sie halt postmodern, aber das einzige, wenn du mich schon fragst, ich habe zu Hause eine korinthische Säule, daß man die vielleicht in die Garage integriert. Ich finde, das Postmoderne und diese korinthische Säule, das ist ästhetisch durchaus ein Volltreffer, bloß meine Frau fährt immer an die Säule hin, schon zum vierten Mal jetzt. Also, ich bin der Meinung, wenn man will, kann man aufpassen, wenn man will. Also wenn sie mir noch mal hinfährt, dann kassier ich ihr den Führerschein. Aber die Garage selbst ist schon ein Bauwerk, was sich sehen lassen kann. Ich bin so begeistert von dieser Architektur – wenn ich Luft schnappen will, dann geh ich gar nicht mehr spazieren, sondern stell mich vor meine Garage und schau sie mir an. Das ist halt Architektur, jedenfalls nicht so ein Fertigbetonwürfel, so ein Betonklotz, wie si 'n mein Nachbar, der Dr. Brezner, hingestellt hat. Also, mißverstehen Sie mich nicht, bitte, ich habe persönlich nichts gegen den Dr. Brezner, er ist durchaus ein feiner Mensch, sogar ein Akademiker, also schon … irgendwie … auch … Letztes Jahr haben wir sogar miteinander im Sommer, im August, glaube ich, war's, da haben wir gegrillt. Aber dieser Mann bringt's tatsächlich fertig, der grillt eine Weißwurscht. Na ja, jedem Tierchen sein Pläsierchen, aber solche Menschen gibt's. Der Mann ist schon ein Sonderling. Ich meine, obwohl er auch wieder großzügig ist. Im Winter, wenn ich Schnee fräse, und ich fräse sehr gerne Schnee, dann läßt er mich meinen Schnee auf sein Grundstück drauffräsen. Also das schon. Aber sonst, zum Beispiel, bringt er es fertig, und das bringt er tatsächlich, wenn's saukalt ist – minus zehn, zwanzig Grad –, es kann ihm gar nicht kalt genug sein, dann begibt er sich in seine eiskalte Garage, vollkommen unbeheizt, besteigt sein eiskaltes Auto, dann fährt er weg und läßt das Tor der Garage sperrangelweit offen und riskiert dabei voll, daß ihm dabei die Hunde reinscheißen. Auf deutsch gesagt, das ist der Dr. Brezner. Sie wollen wissen, was der für ein Auto fährt? Einen Japaner, mehr brauch ich nicht hinzuzufügen. Meines Erachtens bräuchte der doch gar keine Garage, was der bräuchte, wäre eine Schredderanlage. Zum Recyclen. Aber was meine Garage angeht, muß ich sagen, war meine Frau von Anfang an etwas obstinat, ja, weil sie immer lamentiert hat. Ich habe aber gleich gesagt, bitte, wir können die Sache diskutieren, aber ich habe gesagt, klare Verhältnisse, eines muß für alle Mal klar sein. Ich baue in meinem Leben nur noch einmal eine Garage, ich baue keine zweite Garage mehr. Aber wenn ich schon eine Garage baue, dann ist das auch meine Garage. Und eine Garage, die dem Namen Garage gerecht wird, das geht bei mir los bei der Ausstattung. Beim Equipment. Ja, wenn ich schon eine neue Garage baue, da kommt mir doch beispielsweise keine Billigfliese herein. Sondern da kommen mir Fliesen hinein, wo man sagt: Hallo, das sind Fliesen! Und deshalb habe ich auch diese portugiesische Fliese installiert, mit diesem arabischen Muster. Freilich 640 Mark der Quadratmeter. Aber bitte, das sind Fliesen, die kann ich mir dann in zwei- oder dreihundert Jahren auch noch anschauen, und dann habe ich zu meiner Frau gesagt, weil sie da auch wieder herumgenörgelt hätte, da habe ich gesagt, Moment amal, bitte, wenn ich schon eine 640-Mark-Fliese von dieser Qualität in meine Garage installiere, dann kommt mir selbstverständlich auch eine Bodenheizung in meine Garage. Warum eine Bodenheizung? Das kann ich selbstverständlich erklären. Erstens einmal, wenn man ehrlich ist zu sich selbst, wenn man aufrichtig ist, wenn man wirklich aufrichtig ist, dann wird man zugeben, man ist im Grunde seines Lebens viel häufiger in seiner Garage, als man zuzugeben bereit ist. Mal was einladen, mal was ausladen, oder auch sonst, es gibt immer Gründe, sich in einer Garage aufzuhalten. Außerdem bin ich selbst sehr empfindlich für Erkältungskrankheiten. Wenn es irgendwo ein bißchen zieht, schwupps, hab ich schon wieder rheumatische Beschwerden. Was habe ich nicht an Ascorbinsäure gefressen, was habe ich nicht an Vitamin-C-Tabletten geschluckt, was habe ich nicht Geld in die Apotheke geschleudert. Bitte, sagen Sie einmal Kartarrh, sagen Sie ruhig einmal Karrtarrh. So, jetzt sage ich Ihnen einmal etwas – Katarrh – was ist das, ein Karrrtarrrh? Aber das sage ich erst, seitdem ich eine Bodenheizung in der Garage habe. Außerdem habe ich zu meiner Frau noch gesagt, weil sie auch da schon wieder so ein Gesicht gemacht hat, nein, wer Alpha sagt, der sagt auch Omega. Auf die sechzig Quadratmeter Auffahrt vor meiner Garage kommt es mir nicht mehr drauf an. Da kommt mir ebenfalls eine Bodenheizung rein. Warum eine Bodenheizung unter die Auffahrt? Das kann ich Ihnen leicht erklären. Unsere Jasmin fährt jetzt seit zwei Jahren mit einem Führerschein herum. Und unser Jüngster, der Jean-Claude, der ist jetzt elf Jahre alt. Also dann rechnen Sie mal mit. Sehen Sie, noch sieben Jahre, dann hat der Jean-Claude ebenfalls den Führerschein. Ja, wir wissen doch heute noch nicht, was diese Jugend morgen vorhat. Was geht durch die Köpfe dieser jungen Menschen? Wir können doch von jetzt nicht gleich auf die Zukunft schließen. Was wollen diese jungen Menschen einmal? Wohin geht der

Trend? Und überhaupt diese Jugend. Wohin geht diese Jugend? Vielleicht wollen sie einmal das Auto gar nicht in die Garage stellen? Bitte! Dann sage ich, verdammt noch mal, dann laßt doch das Auto einfach vor der Garage stehen! Scheißegal, aber dann habt ihr auf alle Fälle einmal die Reifen warm. Ich habe die Logistik für die Garage wirklich durchgecheckt. Nur damit Sie einen Vorgeschmack haben: Also, in meiner Garage, da habe ich eine Stereoanlage, aber das ist wirklich eine Stereoanlage. Wenn einmal Festivitäten sind oder Firmungen, und die Garage hat eh schon eine gute Akustik – eine Kassette rein, mit diesen Musikantenstadl, und ab geht die Post. Ich habe in meiner Garage eine Espressomaschine, ich habe in meiner Garage ein Urinal, mit dieser Leifheit-Schnellspülung, ja bitte, wenn es mich zwickt, geh ich doch nicht vor die Tür und piesle meinem Nachbar Dr. Brezner vor die Haustüre, und dem seine Frau schaut dann zu. Ich habe eine Wand der Garage verspiegelt, das gibt der Garage räumlich noch eine Dimension. Meine Frau sagt, ein Hauch von Versailles, aber sie übertreibt ja immer. Aber letztes Jahr habe ich in meine Garage einen Adventskranz gehängt, um etwas adventliche Stimmung zu verbreiten, nicht schlecht, nur dieses Jahr kommt mir mit Sicherheit ein Christbaum in die Garage, fünf Meter hoch, eine Nordmanntanne, die wird total elektrifiziert, und wenn ich dann nach Hause fahre, dann switche ich vom Auto aus, der Bewegungsmelder meldet mich, der Sensor, und langsam öffnet sich das Tor meiner Garage, ich fahre langsam in meine Garage hinein, der Christbaum brennt, aus der Stereoanlage tönt »Vom Himmel hoch, da komm ich her«, da weiß ich dann, jawoll, in dieser Garage, da ist Weihnachten. In dieser Garage, da bist du daheim.

Großbrand

Die Häuserfront eines Wohnblocks. Man hört Martinshörner eines Löschzugs. Fenster gehen auf. Anton Bemmerl öffnet sein Wohnzimmerfenster. Innen Fernsehlicht und -ton.

ANTON. Anni! – Anni!

ANNI. Ja, was is des?

ANTON. Es brennt.

ANNI. Des werd bei dene Gastarbeiter sei, de da eizogn san.

ANTON. So ein Leichtsinn. Weil s' oiwei mit'm Tauchsieder kochen.

ANNI. Da, schaug, de Flammen gehnga schon nauf bis zum Herrn Rösner. Ob der dahoam is?

ANTON. Der is doch um de Zeit nie dahoam.

ANNI. Vielleicht ist er doch dahoam, na muaßma 'n warnen.

ANTON. Na ja, er is ja wahrscheinlich doch net dahoam. A so ein Leichtsinn.

ANNI. De Feuerwehr laßt si aa Zeit. Daß da gar nix vorangeht ...

ANTON. De laßn des brenna, wega der Altstadtsanierung.

ANNI. Vielleicht findens koan Wasseranschluß.

Man hört neue Martinshörner.

ANTON. Da kimmt no a Löschzug.

ANNI. Du, wer steht denn da?

ANTON. Wo?

ANNI. Da obn im Fenster. Des is doch die Frau Mitterwieser.

ANTON. Ja, des is d' Frau Mitterwieser. Ja, furchtbar, die alte Frau Mitterwieser. Is der Maxl net dahoam?

ANNI. Naa, de san heuer nach Südtirol.

ANTON. So, i hab gmoant, de san heuer in Kärnten.

ANNI. Nanaa, Südtirol.

ANTON *(blickt nach oben).* Grüß Gott, Frau Sontheimer. Brennt ganz schee. *(Deutet.)* D' Frau Mitterwieser!

ANNI. Wettn, die ham koa Sprungtuch dabei.

ANTON *(laut nach oben)*. De ham wahrscheinlich koa Sprungtuch dabei, und der Maxl is in Südtirol!

ANNI. De arme Frau Mitterwieser, daß die auf ihre alten Tag no hupfn muaß.

ANTON. Naa, wettn, de hupft net. De verbrennt lieber, bevor s' hupft.

ANNI. Da, schau hi. Der Rösner.

ANTON. Is er doch daheim.

ANNI. Obwohl der sonst um die Zeit nie daheim is.

ANTON. A so ein Pech. Durchs Stiegenhaus kommt der nimmer.

ANNI. Schaug dir doch amal diese Rauchentwicklung an. Daß des aso raucht. Was ham denn de für Möbel?

ANTON. Des san de Teppichböden, de wo so rauchen. Also durchs Stiegenhaus kommt der nimmer.

ANNI. De müaßn doch amal a Leiter herdoa, de alte Frau kann doch net abihupfn.

ANTON. Ja, des is unzumutbar. De is doch scho guate siebzig Jahr, de halt so an Sprung nimmer aus, des san doch mindestens elf Meter.

ANNI. Wenn's glangt. Elf Meter san's mindestens.

ANTON. Da, de Gastarbeiter stehnga scho drunt.

ANNI. Typisch. De ham si in Sicherheit bracht.

ANTON. Mei, de ham nix zum Verliern.

ANNI. Wie die den Schaden wiedergutmacha wolln, is mir auch schleierhaft.

ANTON. Ja, bei dene werd net viel zum Holen sei. Schaug, jetz löschens mit der Schaumkanone.

ANNI. Mein Gott, de macha ja ois kaputt. Da, de Vorhänge, de könnas wegschmeißn.

ANTON. Mei, vielleicht sans versichert.

ANNI. Jetz hams de alt Mitterwieser in Sicherheit bracht.

ANTON. Der Rösner is aa scho herunt. *(Martinshörner und Blaulicht.)* Da, jetz kamad as Rote Kreuz daher, wo s' alle in Sicherheit san.

ANNI. Mei, die schaugt vielleicht aus in ihrm Morgenmantel. Wo de heut nacht schlafn?

ANTON. Mei, irgenda Hotel oder a Nachtasyl.

ANNI. Oder vielleicht bei Verwandte.

ANTON. Jetz hams es eh gschafft. Des bißl Rauch macht nix mehr.

ANNI. Des war ja gar koa Großbrand. *(Laut nach oben.)* War ja gar koa Großbrand.

ANTON *(ebenfalls laut)*. Des wenn a Großbrand gwesn waar, hättens es nicht so leicht in Griff kriagt.

ANNI. Na dad's jetz no brenna. Na ja, i schaug wieder a bißl. *(Weg vom Fenster.)*

ANTON. Geh weiter, Anni, mach a weng lauter, vielleicht bringens es in de Nachrichten.

ANNI *(erscheint noch mal)*. Des glaub i net, wenn, na bringen de nur an Großbrand.

ANTON. Na ja, es kimmt drauf o, was s' sonst für Nachrichten ham ... *(Schließt das Fenster.)*

Die Bunkerführung

Ferdinand Weitel steht vor seinem fast fertigen Einfamilienhaus und erklärt:

Also, wenn's heuer noch zum Atomkrieg kommen sollte, dann bin ich gefeit. Weil in drei Wochen is er fertig, mei Bunker. Ich mein, eigentlich hätt er ja scho im Mai oder Anfang Juni fertig sein sollen, aber des hat sich dann doch a bißl hinzogn wega dene Zuschüsse und wega de Extras. Der Bunker is auf siebzehn Jahre konzipiert für vier Erwachsene und zwei Kinder, des heißt, die Kinder san ja dann am Schluß aa scho erwachsen. Weil normalerweise planens es ja nur auf acht bis zwölf Jahre. Und mir ham des dann auch optimal kombiniert, Sicherheit und doch a bißl an Komfort. Schaugn Se sich's an! *(Winkt und geht voran in die Kellerrä*ume.*)* Mir ham a Sauna drin, Gesellschaftsspiele, Brettspiele, so Mikado, Monopoly, is ja klar, weil in dieser langen Phase der Enthaltsamkeit, da muaßma ja was für die Psyche tun, sonst werst ja trübsinnig. Dann ham ma so Musikkassetten, Stereo, an Heino hamma, d' Vicky Leandros, für festliche Stunden, an Weihnachten sagn mir amal, an Mozart oder an Beethoven, für die Kinder dann an Frank Zappa. Ganz wichtig, die Lebensmittel. Mir ham vier Parzellen randvoll gestaffelt mit Grundnahrungsmitteln, Mehl, Trockenei, Milchpulver, gell, in meiner Familie sans alles leidenschaftliche Mehlspeisenesser, und ich mein, wichtig ist auch dieses Wasserumwälzgerät. Aber ein echter Kostenfaktor ist dieser Luftfilter. Der is hundert Prozent seuchensicher, ich mein, des muß er auch sein, weil sonst kann ich ja gleich draußn bleiben. *(Zeigt auf einen Umgebungsplan von München.)* Der Bunker is in Taufkirchen, also genau 18,3 Kilometer von meinem Arbeitsplatz entfernt. Und, ich hab auch an Schleichweg, muß ma ja auch. Weil wenn der Ernstfall kimmt, irgendeine Panik, und na zerstrahlt's es alle. Da kimmt zerscht amal diese Druckwelle, die haut se alle amal umanand, weil d' Leut san ja so unvernünftig, und den Rest zerstrahlt ja dann der Pilz selber. Also, ich bin ein regelmäßiger Bayern-drei-Hörer. Bevor da überhaupt a Sirene pfeift, bin ich schon drunten. Des heißt, ich und meine Familie. Und zwar ausschließlich, es sei denn, es is jemand ganz stark blutsverwandt. Also, wenn da irgenda Bsuch kamad, na müaßtma sich grad verabschieden, gell? Wenn jetzt der Atomkrieg an am Wochenend stattfinden sollte, dann entfalladn natürlich diese Anfahrtswege, na gangad i glei abi in'n Bunker. Wie gsagt, mir allein, weil sie müssen nämlich bedenken, allein eine einzige Person, die haut uns ja gleich drei bis vier Jahre zruck, proviantmäßig, und na samma am Schluß alle mitanand hin. *(Zeigt eine Statistik.)* Nach diesen expertenstrategischen Sicherheitsüberlegungen platzt die Bombe im Münchner Norden, genauer: zwischen München-Nord und München-Mitte. Der Vernichtungskoeffizient hängt jetzt natürlich von der Großwetterlage ab. Ich mein, bei Föhn, da machad's mir weniger aus, weil daß s' nach Tirol eine neischmeißen, des halt ich für unwahrscheinlich, des waar ja direkt nausgschmissn. Nein, die Bombe kommt zwischen dem Raum Garching bis Ismaning zur Zündung, und zwar in einer Höhe von 800 bis 1200 Meter Höhe, weil das is ja der optimale Vernichtungsradius einer Wasserstoffbombe heute. Bei einer Steuerfunktionsstörung, kann sein, daß s' nach Ottobrunn oder Landshut treffen, weil die wolln ja den Raum Ingolstadt aa no mitnehmen. Wenn s' ins Erdinger Moos neitreffen, na müaßns glei no oane nachschickn. As einzige, wos, sagma mal, schlecht ausschaugad, is, wenn die Bombe direkt, also direkt über Taufkirchen, detoniert. Aber des halt i für sehr unwahrscheinlich, des is äußerst unwahrscheinlich. Also, davon geh ich net aus. Davon kann ich gar nicht ausgehn.

Die Verantwortungsnehmer

Günter Leim, Herr Rösner und Herr Sittich in einem feudalen Büro. Rösner serviert gerade einen Sekt.

LEIM. Naa, Rösner, koan Sekt, an Champagner. – Wissen Sie, dieser Rösner, der kimmt aus kleinen Verhältnissen, eine gewisse Großzügigkeit muß er erst lernen da bei uns. – Rösner, ich bitte Sie, ma kann doch net alles saufen, was eim angeboten wird.

RÖSNER. Ja, aber das hier ist ein Qualitätssekt, ein Werbegeschenk.

LEIM. Ja, eben, den können S' weiterverschenken oder am Bsuch anbieten, aber doch net mir. Jetzt bringen S' an

Champagner, mir ham ja schließlich an Grund zum Feiern, oder, Herr Sittich?

SITTICH. Jawoll.

LEIM. Es ist doch heutzutage so. Schaun Sie. Staat, Länder, Kommunen, Verwaltung, große und kleine Konzerne, Privatwirtschaft, überall geht's in'n Graben, und kein Mensch will die Verantwortung übernehmen. Vierzehntausendachthundert Konkurse allein letztes Jahr; was von der öffentlichen Hand geleistet wird, läuft praktisch aufs selbe raus. – Es wird halt besser verschleiert. Eine gigantische Mißwirtschaft zu Lasten des Steuerzahlers, einer muß ja zahlen. Aber keiner ist bereit, auch einmal zu sagen: Gut, die Sache ist schiefgegangen, ich war's, ich bin verantwortlich. – Und das ist die Marktlücke, in die wir hier praktisch hineingestoßen sind. Wir, die Schilda-Respons GmbH & Co. KG, wir übernehmen jedwede Verantwortung ideeller Art, allerdings natürlich ohne finanzielle Konsequenzen, mir sin ja koa Versicherung. Des macht, wia gsagt, ja der Steuerzahler. Wir übernehmen Verantwortung en gros für große, tragische Fehlspekulationen. Da ham mir zum Beispiel diesen Superflop, diesen schnellen Brüter da in der Nähe bei Karlsruhe. Der kostet den Steuerzahler zwei Millionen Mark pro Tag, und das seit Jahren, für nichts, verstehen Sie, für rein gar nichts. Wenn ma da Konsequenzen fordern würde, müßte a ganze Ministerriege ihren Hut nehmen. Einige sogar rückwirkend, aber a Minister, der Rechenschaft ablegt und zurücktritt, is heutzutage unverantwortlich, des macht ma heit nimmer so. Heute geht die Tendenz dahin, daß man den Verursacher trennt vom Verantwortungsnehmer. Verursacher san praktisch diese maroden Administrationen, und Verantwortungsnehmer sind dann in diesem Fall wir. Weil an Schuldigen braucht ma ja, schon allein für die Presse. Und so ham mir halt zum Beispiel die Verantwortung für diesen schnellen Brüter übernommen, also der Herr Sittich und ich, gell, gegen ein dem Schaden angemessenes Entgelt natürlich, weil auf a Million kimmt's bei sieben Milliarden Schwund aa nimmer drauf zamm. Zumal die Akzeptanz von staatlicher Mißwirtschaft in der Bevölkerung zunehmend wächst. Gut, der Politiker, er könnte die Verantwortung für seine Schweinereien auch nach oben oder nach unten abschieben, aber der Spielraum ist begrenzt. Schiebt er nach oben, kriegt er eins auf'n Deckel, schiebt er nach unten, wird er nicht mehr gewählt. Jetzt steht er allein da mit seiner Schweinerei und dem Damoklesschwert der Verantwortung. Wohin damit? Ganz einfach, hier zur Schilda-Respons GmbH & Co. KG, mir machn des. Unser Herr Sittich zum Beispiel, er is praktisch eine Art professioneller Watschenmann, stimmt's, Herr Sittich?

SITTICH. Jawoll, stimmt.

LEIM. So groß kann die Sauerei gar net sein, daß er nicht dafür gradestehen würde, oder, Herr Sittich?

SITTICH. Sowieso.

LEIM. Da zum Beispiel, Flurbereinigung, ein ganzer Landstrich is praktisch federführend von der Staatsregierung kaputtsaniert worden, Tausende von Prozeßdrohungen, ökologisch is der Landstrich am Kippen, ja, die Regierungsbeamten ham für Konsequenzen gar kei Zeit, die müssen ja neuen Schaden anrichten. Ich sag nur: Großflughafen, Wiederaufarbeitungsanlage, Verseuchung der Weltmeere, Nebelflughafen, Autobahnen. Ja, was glauben Sie, was es da zu tun gibt? Und da braucht man einen satisfaktionsfähigen Partner wie unsern Herrn Sittich. Gell, Herr Sittich?

SITTICH. Jawoll.

LEIM. Der Herr Sittich hat scho als Kind Prügel kriagt für Sachen, wo er gar net schuld war, stimmt's, Herr Sittich?

SITTICH. Ja, des stimmt.

LEIM. Und des macht 'n Herrn Sittich für diesen Beruf so

qualifiziert. Weinskandal haben Sie doch auch übernommen?

SITTICH. Ja.

LEIM. Oder so a Landesbank bricht zusammen. Zigtausende geprellte Kleinsparer; die sehen natürlich keine müde Mark mehr. Der Vorstand hat koa Zeit, weil er grad eine neue Bank gründen muß, wer leistet den Offenbarungseid? Unser Herr Sittich.

SITTICH. Ja, jederzeit!

LEIM. Oder junge Offiziere werden in Pension geschickt, grad wenn s' mit der Ausbildung fertig sind. Des kann man doch nicht einem Verteidigungsminister anlasten, bloß weil er des entschieden hat, net, da braucht ma halt Männer vom Schlag eines Herrn Sittich. Schaun S' da, ein ganzer Waschkorb mit Drohbriefen. Ich greife wahllos einen heraus, da zum Beispiel *(er nimmt einen Brief aus einem Korb, liest)* – Sie Dreckssau, Sie, Sie gehören aufghängt. Man sieht, in der Bevölkerung ist durchaus eine moralische Kraft vorhanden. Da, des schreibt jetzt ein Professor Doktor med., äh, a Oberarzt aus'm Schwarzwald. Also, diese Flut von Aggression und berechtigter Wut kann man natürlich nur durchstehen mit einem gewissen Rückhalt. Der Herr Sittich zum Beispiel ist parteilos, also nicht direkt in der Partei, aber er steht der Partei doch so nahe, daß er neutral sein kann, oder, Herr Sittich?

SITTICH. Jawoll.

LEIM. Wenn's irgendwo brennt, dann sin mir da. Großklinikum: Der Patient ist zum Krüppel operiert, bedauerlich, kommt halt amal vor. Chefarzt ist Alkoholiker, kann man nicht zur Verantwortung ziehen. Der sagt natürlich, des liegt am Patienten, weil er nimmer gscheit zammgwachsn is. Der Patient kann sich dieser Interpretation nicht anschließen, Staat lehnt die Verantwortung ab – wer bleibt übrig? Wir. Der Patient kriegt zwar koa Geld von der Versicherung, aber moralisch ist er aus'm

Schneider und kann zum Beispiel am Herrn Sittich an Drohbrief schreiben.

SITTICH. Naa, des hat der Rösner verantwortet.

LEIM. Ah ja, in dem Fall am Rösner, der ist zuständig für Bagatellversagen und Fehlleistungen minderer Art.
Rösner kommt mit einer Champagnerflasche.

LEIM. Ah, da ist er ja, wenn ma an Esel nennt, hahahaha, ham S' 'n jetzt? Wir feiern grad an Großauftrag von der Bundesregierung, mir derfad's ja eigentlich noch gar net sagen, aber im Vertrauen. Der deutsche Wald is hinüber. Keiner will's gewesen sein, es handelt sich immerhin um eine der größten Naturkatastrophen der letzten Jahrtausende, aber mir ham schon an Verantwortlichen. Schaun S' hin, da steht er, der Herr Sittich, gell? Prost, Herr Sittich!

SITTICH. Ja, prost.

LEIM. Gell, Sie verantworten dieses Waldsterben?!

SITTICH. Jawoll, jederzeit.

IV

Mai Ling

Herr Grundwirmer und Mai Ling sitzen in einer Möbel-Krüger-Sofaecke.

Sag amal schön grüß Gott, Mai Ling, grüß Gott! – Ich hab s' erst seit drei Wochen. – Mai Ling hoaßts, des is, des hoaßt, ich heiß ja eigentlich Grundwirmer, und sie natürlich jetzt eigentlich aa. Oiso sozusagen Mai Grundwirmer, geborene Ling. – 2758 Mark und a bißl was, ab Bangkog Airport, hab ich bezahlt, ah, hab ich kommen lassen. Ich muß sagn, des is relativ preiswert, wenn man bedenkt, ah, sie is aus der Provinz. Weil in Bangkog selber kauft net amal mehr der Amerikaner ein. Des is alles zu verseucht, zu rein marktmäßig. Fünfhundert D-Mark mehr, und ich hätt a Fitnamesin ham kenna – de san noch etwas robuster –, des mag sein, da gehen jetzt die Meinungen auseinander, aber, schaun S' es an, de is doch net schlecht, oder? Also ich bin sehr zufrieden. Sie is äußerst sauber, sie schmutzt nicht, wie der Asiate an und für sich überhaupt nicht schmutzt. Ich mein, ich bin sehr zufrieden, wissen Sie. – Ge', Mai Ling, simma zufrieden, hahaha, ge', ja … Freilich, Anpassungsschwierigkeiten lassen sich nicht ganz vermeiden. Rein küchenmäßig betrachtet, ich vertrag ja des Chinesische net aso, mir ham ja da ganz andere Vorstellungen, schon beim Besteck … I hab glei gsagt, Mai Ling, diese Staberl da – ich hab s' dann eingschürt, ich hab s' verbrennt, a paar hab ich ihr glassen, da kanns dann Mikado spuin damit. Nix dagegen. Und ich muß sagen, sie is da sehr flexibel und anschmiegsam. Überhaupts des Schlafzimmer, da sans ja berühmt, die Asiatinnen, da kanntns Deitsche sei. Ich hab ein Schleiflackschlafzimmer, wissen Sie, und ich muß sagen, picobello, es spiegelt sich alles darin. Und sie is auch ausgesprochen leise. Wenn's irgendwo knarzt oder so ein kleines Pochen, ge', könnt ma moana, des is a Mäuserl, des is sie. Sie tritt ja fast kaum auf, sie schwebt förmlich, weils aa nix wiegt. – Sie is a bißl gelb ankommen, ah, i moan, des woaß ma ja vom Asiaten, aber sie is scho sehr gelb ausgfallen, obwohl, sie paßt hier sehr gut rein. Geimpft is s' aa, geht ja net anders, ich mein, bei Importen is des immer so, da wird sehr drauf gschaut. Obwohl, es hat geheißen: ein Meter neunundvierzig is sie groß. Sie is aber drei Zentimenter länger ankemma, als ma zerscht gedacht hätt, weil ich hab gemeint, a Verwandte von mir, de Anni, de hat a Kinderbett ghabt, da hab i glaubt, daß ich s' reinbring, na ja, vom Mobiliar her hab ich halt a bißl – umdisponieren müssen. Des sind halt amal Kosten, mein Gott, die kann man halt sozusagen als Anschlußkosten, äh, ich muß überhaupt sagen, diese Kosten, Taxi vom Flughafen, Anfahrtswege, Standesamt, Gesundheitspaß, Ausweisgebühren, sie wird ja nachert a Deitsche, des wird extra berechnet. Ich sag des nur für weitere Interessenten – es gibt da Leute, die sind dann doch überrascht, was für eine Kostenlawine sich da auf sie zubewegt. Ich möchte auf alle Fälle sagen, ich bin sehr zufrieden, obwohl ich Einzelabnehmer bin. Auch diese Flitterwoche, die sozusagen absolviert worden ist, hat eigentlich unsere Erwartungen durchaus … Sie verstehen. Ich war sehr überrascht, diese enorme Exotik, die da plötzlich auf einen zukommt, und drum hat der Asiate auch diese Nachfrage, äh, diese Resonanz in breitesten Kreisen der Bevölkerung. Jetzt passen S' amal auf: Ah, Mai Ling, hol amal Zigaretten, da drüben sinds, Zigaretten – gell, sie versteht schlecht –, Zigaretten und Zündhölzel, die da am Tisch liegen, hol s' amal her, da bring s' her, Mai Ling … Die Zigaretten sollst holen, Zigaretten …

Mai Ling steht auf und holt Zigaretten und Zündhölzer.

Schaun S', ich hab früher an Ding ghabt, an Schäfer, der is ungern ins Wasser ghupft, ge', wenn ma ihm an Stecka neigschmissen hat, is er auch … Mai Ling, Zigaretten. Ja, also, sehen Sie, es geht, es ist ein Geduldspiel, die ham ja ein ganz anderes Zeitgefühl. Ma muaß a Geduld haben und a gewisse praktische Psychologie, nachert geht ois. Mai Ling, jetzt derfst die wieda hinsetzen. Samma sehr zufrieden. Ja, ich kann's nicht anders sagen: eine runde Sache rundherum.

Eine Bilanzierung

Frau Beischel erzählt.

Wissen Sie, unser Vati war immer ein leidenschaftlicher Frühstücker. Man kann sagen, ein Frühstücker von Gottes Gnaden. Amal a Müsli, aber durchaus auch ein Tatar. Und ham and eggs. Aber von heute auf morgen frühstückt er nicht mehr. Unser Vati ist halt psychisch ein Spinnweberl, er verzehrt sich, das heißt, er verzehrt nichts mehr, weil er das Ganze in sich hineinfrißt. Unser Vati ist durchaus ein zügiger Kraftfahrer, aber – er kann es nicht überwinden, daß man ausgerechnet bei ihm eine Bremsspur hat errechnen können. Er sagt, eine Bremsspur kann man doch nur errechnen, wenn etwas bremst, aber bei ihm hat ja nichts gebremst, er ist ja über diese Stolperschwelle förmlich drübergeschwebt. Und ich weiß nicht, wie Sie darüber denken, aber die Kinder heutzutage, die gehören doch nicht in die Großstadt, sondern aufs Land, die gehören aufs Land, da können sie auf der Wiese spielen, da gibt's noch Bäche, oder sie können sich amal a Baumhaus bauen, aber in der Großstadt, da hams doch nichts verloren. Und außerdem, die Kinder sind halt einmal unberechenbar, da kommens plötzlich von oben, von der Seite, von irgendwoher, und dann – batsch. Es ist schon eine Tragödie – so ein Kind … Aber unseren Vati, den hat es auch ganz schön mitgenommen. So daß er nichts mehr unternimmt. Der Vati sitzt nur noch da, frühstückt nichts mehr und schildkrötet vor sich hin, es ist schon schlimm, furchtbar, so ein Kind. Aber ich hab halt versucht, dem Vati ... ein Wort des Trostes – Sie verstehen mich schon! Ich hab gsagt, Vati, vielleicht kannst du irgend etwas Positives auch sehen, weil ich sag, des Kind hat wenigstens nicht lang leiden müssen. Und die Familie von dem Kind hat drei Kinder ghabt, also, zwei sind ihnen wenigstens noch geblieben. Sie verstehen mich schon, wie ich's meine, gell? Bei allem, was passiert ist – und dann muß ich sagen, unsere Versicherung hat prompt bezahlt für des Kind. 145 000 Mark. Ich mein, sicher, das Kind wird davon auch nicht mehr lebendig, das weiß ich auch, aber 145 000 Mark, das ist wenigstens ein Zeichen der Anerkennung. Weil die Familie von dem Kind – so dick ham's die auch wieder nicht, da können sie sich vielleicht ein Appartement kaufen – vielleicht nicht in München grad, aber im Bayerischen Wald an der tschechischen Grenz. Ich sag des nur, weil ein Bekannter meines Mannes, der ist Kraftfahrer von Beruf, der sagt, wenn sie einem heutzutage ein Kind zusammenfahren, zum Beispiel in Portugal oder in Griechenland oder so, also 145 000 Mark zahlen die nicht für ein Kind, obwohl s' in der EU sind. Ich weiß net, warum sie's nicht zahlen. Sicher, ich mein, das ganze ist eine Tragödie – des schon. Aber auf der anderen Seite find ich's empörend von der Familie von diesem Kind, weil die wollen, glaube ich, jetzt ein Geschäft aus dem Unfall machen. 145 000 Mark, das reicht ihnen nicht, obwohl 145 000 Mark, das ist doch kein Schmutz. Aber diese Leute wollen jetz an Anwalt nehmen, sie wollen vielleicht eine Million, oder wollens zwei Millionen? Ich weiß es nicht, wieviel sie wollen. Aber irgendwo muß doch stehen, was so a Kind kost, weil wenn einer heut an Haxn verliert oder an Finger, dann weiß man doch auch, was die Versicherung dafür zahlt. Und wissen Sie, wenn man mir – und des find ich auch so empörend –, wenn man mir ein Kind zammfährt, dann trauer ich doch – da denk ich doch net immer ans Geld und wieviel ich krieg. Wissen Sie, ich frag mich überhaupt, was sind denn das für Menschen, was ist des für eine Zeit, wo wir heute leben? Schauen Sie, man könnte die Sache doch auch ganz anders sehen. Was wäre denn gewesen, wenn ihnen das Kind beispielsweise an Leukämie eingegangen wär – dann hättens überhaupt kein Geld kriegt, oder? Also dann – auf Wiedersehen ...

Longline

Ich find's ja ganz nett, wenn jemand a bißl musiziert, aber – lacht etwas gönnerhaft – na ja, 's is a Geschmackssache, net. A jeder hat seine Musik, die er mag, hahaha, ich hab auch meine, net, meine, die geht nur anders, die geht: »P – p, p – p – p.« *(Ahmt das Geräusch von aufschlagenden Tennisbällen nach.)* Hahahaha. *(Klatscht in die Hand.)* Ja, also, na aber ich muß sagen, ich weiß nicht, wie's is – ich war wieder so fasziniert, wie ich jetzt wieder diesen Bekker gesehen habe. Nicht, dieser Boris Becker, der Mann ist für mich ... Das ist Symphonie, nicht wahr. Das is ... Wie der Mann Tennis spielt, das ist eine geballte Ästhetik, nicht wahr, das ist ... Der Mann hat ein Charisma! Wenn Becker ... ah ... großartig, dieser Mann, obwohl ich ihn ja fast noch lieber habe, wenn er verliert. Nein, das mein ich jetzt nicht zynisch, ich mein das wirklich, nicht – es gibt keinen vitaleren Loser als Becker, nicht wahr. Schaun Sie mal dieses Gesicht an, wenn der verliert: wie der sterbende Gallier, na ja, also großartig! Ich mein, es gibt auch andere Tennisspieler, nicht, 's gibt den Agassi, oder dieser Sampras, der is nicht schlecht, is klar. Net, Sampras ist aber mehr ... Der Mann hat was Animalisches, nicht wahr, während der Muster is auch, der Muster, ich weiß nicht, wie Sie Muster einschätzen, nicht wahr, der Mann is, äh, is halt Österreicher, na ja – äh, ein Gladiator, ein Fighter, nicht, wenn man ihn sieht, dann riecht man den Schweiß, nicht wahr, aber … net? Also, diesen Leuten fehlt dieses – Beckerhafte, verstehn Sie! Dieses … was? Ja freilich, Sie sehn, ich bin ein Tennisfreak, klar. *(Lacht.)* Ja, i schau mir alles an, is ja klar, und das Paris Open, das Australian Open, Filderstadt Open, BMW Open, nicht wahr, Bayern Open, mir kann's nicht open genug sein, des is klar. *(Lacht.)* Aber schaun Sie, jetzt is wieder Advent, nicht wahr, die Kerzen brennen, ich bin mit meinen ganzen sentiments sowieso schon wieder im paradise für Tennisspieler. Ja klar, ich bin nächstes Jahr wieder in Wimbledon, na … the same procedure as every year … *(Lacht.)* Ja klar, nicht wahr? Schaun Sie, für einen Tennisfreak wie mich, nicht wahr, is Wimbledon, das is, was für Katholiken der Vatikan is, oder, nicht? Da muß man … ja, aber man sagt auch … die Engländer sagen auch: Wimbledon it's a must, nicht wahr, net! England is auch the masterland of tennis, das können Sie … Tennis in England, das können Sie mit Deutschland nicht vergleichen, das … da geht kein Weg, das is a different world, nicht wahr. England, das ist … da ist Tennis … das ist, äh, vollkommen was anders. Die Leute, die da Tennis anschaun, das ist – culture! Nicht, das ist Kultur, culture, das ist, die ham ein ganz andres level, nicht? Auf deutsch Niveau, das is … net? Das können Sie nicht vergleichen, diese Leute, das sind nicht wie in Deutschland underdogs, nicht. In England, in Wimbledon, diese Leute, das sind, das ist, äh, upper class, nicht, das sind nobles! Aristocratic – keine Krattler wie in Deutschland, nicht? Na, wissen Sie, ich muß das … Einmal, muß man auch sagen, einmal in seinem Leben, einmal … das is ein singuläres event, das muß man, einmal in seinem Leben muß man das erforscht, erlebt haben, gespürt haben, im center court von diesem Wimbledon, nicht? Wenn Sie da drinsitzen, im Zentrum, auf Tuchfühlung, so wie Sie vor mir sitzen, dann da diese royals, ein Duke von Windsor, ein Duke von Wellington, ein Royal nach dem andern – und sauft sein Cola vor Ihren Augen! Dem können Sie auf die Büchse spucken, verstehn Sie? Großartig! Ich habe einmal in meinem Leben unseren Ministerpräsidenten erlebt, wie er eine Leberkässemmel gegessen hat, das war shocking! Na, nein, verstehn Sie mich nicht falsch, unser Ministerpräsident, der Mann ist politisch ein Genie, aber so braucht er keine Leberkässemmel zu essen, nicht wahr? Aber ich will jetzt … Reden wir vom Tennis, nicht wahr. Wissen Sie, ich sage, Tennis, England, nicht wahr, England und Tennis, Wimbledon, das is … häh! *(Lacht leicht ekstatisch.)* Das können Sie … das ist lifestyle, nicht wahr, das ist … das kann man mit Deutschland … Wenn ich an Deutschland und Tennis denke … hihihi. Nur weil sich bei uns heute jeder Arsch weiße Schuhe kaufen kann – das hat doch mit Tennis nichts zu tun! Sie wissen doch selber, nicht wahr, in Deutschland … Es ist doch bei uns wirklich so, nein: Heute spielen doch Leute Tennis, die hätte man vor zwei, drei Jahren noch aus dem Bierzelt rausgeschmissen, nein? Nein? Aber wem sage ich das, net? *(Kichert.)* Nein, wissen Sie … ich wollt … wissen Sie … Tennis … schaun Sie … ich, glauben Sie … wenn Sie Tennis, wenn Sie das, diesen Untergang, nicht wahr, wenn Sie das, äh … äh … könnt ich Ihnen stories erzählen, stories, jahaa, net. Bis hier, schaun Sie, 's ist nicht lange her, nicht wahr, bei uns noch in Bad Hausen, wir ham unser Bad Hausener Open gespielt, nicht wahr, und mein Sohn, der Noel, nicht wahr, spielt gegen einen Partner, net wahr, und 's is ein Kindkollege von ihm, nicht wahr und … und … dem seine Mutter – Sie hätten schon diese Mutter sehen solln, diese Mutter … also … tz … *(Findet keine Worte.)* Daß überhaupt so was … hähä … eine Matrone, nicht wahr, ich weiß nicht, wie aufgebrezelt, aufgemaschelt wie ein Weihnachtsbaum, verstehn Sie? I kenn die Viecher nicht, die

die da anhat, ja? Ja? Natürlich verboten, Jaguar, Leopard oder ... Ich kenn sie nicht! *(Jemand flüstert: »Ratz.«)* Bitte? Ratz? Nein, er meint, äh, er meint Bisam, na ja, das glaub ich nicht ... A jedenfalls, diese Frau mottenkugelt vor sich hin, nicht wahr? Hängt wie ein Orang-Utan da in diesen Gittern, nicht wahr, und während die Tennis spielen, ja, während die Tennis spielen, schreit diese Frau immer rein: »Oliver, Oliver, paß auf, er spielt longline!« Sag ich: »Bitte, gnädige Frau, mäßigen Sie sich, ja? Das können Sie doch nicht machen – Tennis, hier wird ... hier wird Tennis gespielt, ja? Das können Sie doch nicht einfach ... da rein ... Lassen Sie die youngsters, die jungen Leute Tennis spielen, die sollen das lernen! Tennis von der Pike auf, das ist das Erlernen von, nicht wahr, das is, eine Niederlage mal verarbeiten, psychologically, ja – oder victory – fair play – shake hands! Das ist Tennis, gnädige Frau, bitte, nicht wahr, turn off, nicht wahr!« Aber diese Frau: »Oliver, Oliver, paß auf, er spielt longline!« – »Gnädige Frau, bitte, das können Sie doch nicht machen, Sie können doch Ihr Kind nicht während eines Matches coachen! Man coacht doch niemand während eines Matches! Das macht man nicht, gnädige Frau«, sag ich, nicht wahr. Tennis, das is, nicht wahr, fundamental basic education! Nicht? Das ist das Studieren von social behaviour! Ja, ich sag: »Bitte gnädige Frau, tranquillo jetzt«, ja? Aber diese Frau: »Oliver, Oliver, paß auf, er spielt longline!« Wissen Sie, ich bin ein gutmütiger Mensch, mit mir kann man Pferde stehlen, ja? Aber bei dieser Frau ist mir der Kamm geschwollen! Diese Frau hat mich dann dazu animiert, daß ich selber runtergerufen hab zu meinem Sohn, sag ich: »Noel, komm, blas den Krüppel weg vom Platz.« Na, bitte, bitte mißverstehn Sie ... ich hoffe, Sie mißinterpretieren mich nicht, ja? Tennis, das ist ... das Erlernen von Selbstbeherrschung. Ja, das ist Selbstdisziplin. Ja? Hab mir gedacht, hätt halt die Frau a vernünftiges Kind dahergebracht und nicht so ein Spasti, da ... nein ... nein,

nein, natürlich sag ich das nicht, sagt man nicht, ist doch klar ... 'tschuldigung, nicht, das sag ich natürlich nicht, aber man hat doch seine Gedanken. Wissen Sie, ich kenn, ich kenn, entschuldigen Sie den Ausdruck, entschuldigen Sie bitte den Ausdruck, aber ich kenne diese überambitionierte Bagage, ja, ich kenn die! Ich kenn die auswendig, ich kenne diese Rasse von Leuten! Da kommen die daher mit ihrem Schraz an der Hand, nicht? Führen ihn zum Schlächter, nicht, auf Deutsch sagt man jetzt Trainer dazu, ja – da weiß ich doch, des Geld is rausgeschmissen, des können Sie doch im Kamin räuchern! Das wird doch nie was da, mit diesem genetischen Sondermüll, nicht wahr. Und dann schreit diese Frau: »Oliver, Oliver, paß auf, er spielt longline!« Da sag ich: »Gnädige Frau, bitte! Jetz mäßigen Sie sich, ich zeig Ihnen hier ... ich war in Wimbledon, sagt Ihnen das was? Das können Sie doch nicht machen! Wir haben eine Verantwortung vor den kids, wir Erwachsenen ... Die jungen Leute brauchen Idole! Wir müßten uns ... correctness im Verhalten, responsibility, gnädige Frau! Nicht wahr, Sie werden nicht erleben, daß mein Sohn da rumproletet! Ja? Und Schläger schmeißt und vielleicht auch noch fuck schreit! Der schreit nicht fuck! Der – schreit – nicht – fuck!! Und wenn der fuck schreit, schreit der nur einmal fuck! Ja? Weil wenn er fuck schreit, bin ich der erste, der drunten ist, und pack ihn an den Ohrwascheln und zieh mit ihm den Platz ab, ja?!« Und dann schreit die immer: »Oliver, Oliver, paß auf, er spielt longline!« Sag ich: »Gnädige Frau, jetzt, bitte! Ja? Sie dumme Gans! Ja?! Mir san doch da net im Wirtshaus! Sondern auf einem Tennisplatz! Du Amsel, du blöde! Du blödes Grachal, sag i, du Matz, du verreckte, hoit dei Fotzn, sag i, du Schoaßwiesn, gell, du mistige, sag i, du Schoaßblattern, gell, du Brunzkachl, du ogsoachte, so was wie du ghert doch mit der Scheißbürstn nausghaut!« Dann fängt sie an: »Ich werde mich beschweren, ich geh zur Turnierleitung, ich werde mich beschweren!« Aber, wissen Sie, die Frau soll sich beschweren. Nein, die soll sich beschweren! Die soll sich ruhig beschweren, weil, was so eine Hämorrhoidnbritschn sagt, so etwas ist einfach unter meinem Niveau.

Schuldirektor

Verehrte Trauergemeinde, liebe Angehörige des Verstorbenen.

Es ist immer erschütternd, am Grab eines jungen Menschen zu stehen. Als Leiter des Dr.-Hundhammer-Gymnasiums sehe ich mich nun schon zum dritten Mal in diesem Jahr vor der Aufgabe, dem Freitod eines Schülers mit der Anteilnahme unserer Schule zu begegnen. Andreas Pirkl (auf einem Kranz steht allerdings der Name David Beil) ist nach Aussage des Lehrerkollegiums bis jetzt eigentlich niemals unangenehm aufgefallen. Sein Betragen gab nie zu Tadel Anlaß. In Fächern wie Geographie und Biologie konnte er stets befriedigende Ergebnisse aufweisen. Die Mathematik bewältigte er mit im ganzen gesehen ausreichenden Leistungen. Die lateinische Sprache verfolgte er beständig, und seine Gabe, Texte zu übersetzen, war ausreichend. Der Schriftsteller Livius schien ihm nach Aussagen von Herrn Dr. Bremser, seinem Lateinlehrer, leichter zu fallen als beispielsweise ein Horaz oder Ovid. Es sind zwar im Frühjahr seine schulischen Leistungen insgesamt etwas abgefallen, aber dies erklärt der plötzliche Tod der Eltern. Dem Geschichtsunterricht folgte er mit Interesse, war aber doch manchmal verführbar. Besonders bei bestimmten Themenbereichen wie zum Beispiel der Inquisition ließ er sich hin und wieder zu Albernheiten hinreißen. Ansonsten gab sein Äußeres nie zu Beanstandungen seitens der Schulleitung Anlaß. Eine kürzlich von der Schule durchgeführte Fahndung nach dem Verbleib der Geldbörse eines Mitschülers stand ebenfalls in keiner Weise im Zusammenhang mit der Person des Verstorbenen. Auch in unserer schulischen Drogenszene spielte er keine einschlägige Rolle.

Verehrte Trauergemeinde, das Tragische auch an diesem Freitod ist seine Sinnlosigkeit. Sollte er sich auf Gründe beziehen, die außerhalb des schulischen Lebens liegen, so können wir die Motive natürlich nicht ergründen, sollte es aber sein, daß der Suizid wegen einer drohenden Fünf in Deutsch der Anlaß war, so muß ich hier sagen, daß bei einem Notenstand von 4,52 der pädagogische Ermessensspielraum sicherlich zu seinen Gunsten ausgefallen wäre, so daß er das Klassenziel gewiß erreicht hätte.

Als Schulleiter und sein Klassenlehrer möchte ich Ihnen, verehrte Angehörige, mein tiefstes Beileid ausdrücken – im Namen des Dr.-Hundhammer-Gymnasiums und seiner sämtlichen Mitschüler.

Mensch-ärgere-dich-nicht

Karl und Gudrun spielen mit ihrem Sohn Heinz-Rüdiger Mensch-ärgere-dich-nicht.

KARL *(würfelt Sechs)*. Eins, zwei, drei, vier, fünf, sechs. *(Würfelt.)* Drei. Eins, zwei, drei, haha, jetzt muaßt naus, Heinz-Rüdiger. *(Setzt ein Spielhütchen wieder an den Anfang.)*

GUDRUN *(würfelt Vier)*. Eins, zwei, drei, vier. Haha, no mal naus. *(Setzt ein Spielhütchen auf Anfang.)* So, jetzt bist du dran, Heinz-Rüdiger. *(Heinz-Rüdiger will nicht.)*

KARL. Da wird schön anständig gewürfelt!

GUDRUN. Des Spiel heißt Mensch-ärgere-dich-nicht. Gell, komm, jetzt spiel schön anständig.

KARL. Ja, was is denn? Wird da gspielt oder net?! *(Wütend.)* Des muaßt von der heiteren Seite nehmen, is doch a Spiel! Da, jetzt würfel gefälligst!

Heinz-Rüdiger bockt.

GUDRUN. Ja Herrschaftseitn, hörst du schlecht?! Du bist dran! Malefizkrippl, jetzt wird gewürfelt!

KARL. Jetz wennst net glei würfelst, na würfel ich für dich!

GUDRUN. Hast des ghört? Tu an Bappa net reizen. Jetz spiel schön ordentlich, sonst spielt der Bappa für dich!

Heinz-Rüdiger bockt.

KARL. Gut, dann spiel ich für dich. *(Würfelt.)* Eins … Haha, bloß an Einser.

GUDRUN. Siehst, des hast jetzt davon.

KARL. Jetzt hast dann verloren. So, und jetzt komm ich … *(Würfelt. Drei.)* … Da schau her! Jetzt bist ganz draußen.

Karl und Gudrun lachen.

Heinz-Rüdiger räumt das Spiel ab.

GUDRUN. Ja, spinnst jetzt du?!

KARL. Du Rotzlöffel! *(Haut Heinz-Rüdiger eine runter.)* Dir werd ich 's Spielen no beibringen, mei Liaba! Jetzt baust es wieder auf, genauso wie's war, und dann wird anständig gspielt! Ja, wo samma denn?

GUDRUN. Dir wernma's Spielen no beibringen, du Saukerl. Des machst net no mal!

KARL. Und des sag i dir glei, wenn mir jetz nach Italien fahrn, na wird des Spiel mitgnommen. Na wird so lang gspielt, bis du den Ernst von so am Spiel begreifst, du Hundsbua!

GUDRUN. Daß des Kind aso infantil is. Der hat zum Spielen einfach koa richtige Einstellung.

Die Verteidigung der Gummibären

Es war der zweite Samstagabend im Advent. Ein grauer Tag war's. Leichter Schneefall. Ausflugsverkehr war nicht mehr viel, da hab ich mir gsagt, nein, heute sperrst du deine Tankstelle früher zu, weil wenn wirklich einer noch ein Benzin will, dann soll er doch auf die Autobahn fahren. Müssens nicht immer bei mir tanken. Wie gesagt, Advent war's, und ich hab die Notbeleuchtung eingeschaltet und bin dann gleich rein ins Haus. Samstagabend, meine Frau war schon im Bett, und wenn im Fernsehen nichts ist, dann nimmt sie ein Pulverl, und – ssssst – dahin gehts. Im Haus war eine himmlische Ruhe. Ich hab mich dann hingesetzt und habe dann mit dem Schnitzen begonnen, weil ich schnitze sehr gerne, und Sie wissen, wenn Advent ist, dann ist der heilige Abend unvermeidlich. Irgendwas soll ja doch unterm Baum sein, hab ich gedacht. Also hab ich ein Kripperl geschnitzt und einen Stall von Bethlehem, Ochs und Esel, auch einen kleinen Jesi, den Stall hab ich selbst elektrifiziert. Natürlich hätt ich auch ein fertiges Kripperl kaufen können im Kaufhaus, ein Bethlehem-Set, aber ich hab mir gesagt, nein, das schnitzt du selber, das ist doch viel persönlicher. Und wie ich da so beim Schnitzen bin, dem Herodes hab ich gerade die Ohrwaschl herausgeschnitzt – da muß man schon sehr sorgfältig sein, sonst schaut der Herodes aus wie eine Fledermaus –, da vernehm ich plötzlich so ein Geräusch, so gleichmäßig, so klack-klackklack … Ich denke noch, ja Herrschaft, das ist ja ein Geräusch! Jetzt bin ich neugierig geworden. Ich steh auf, geh zum Fenster und schau hinaus – was seh ich da? Nichts. Jetzt schau ich deutlicher, da auf einmal, da seh ich, wie zwei Gestalten schemenhaft an meiner Tankstelle am Gummibärliautomaten herummachen. Ich denke noch, das gibt's doch nicht, da machen zwei Gestalten an meinem Gummibärliautomaten an meiner Tankstelle rum, daher das Geräusch, klackklackklack. Na ja, ich bin dann in den Keller runter, weil, das können Sie nicht wissen, ich habe ja meinen Gewehrschrank unten im Keller, seit wir diese Asylanten da haben, vorne an der Türe, und bin langsam hinuntergegangen, weil ich noch sinniert habe: Welches Kaliber nimmst? Ich habe mich dann für das Gewehr mit dem kurzen Lauf entschieden. Das hab ich dabeigehabt vor zwei Jahren, als ich mit dem Alischer Bebs in Kenia war. Das hat eine gute Streuung, und da kann man zwei Elefanten zusammenspannen, und es schießt durch wie durch Marmelade. Ich bin dann wieder zurückgegangen zum Fenster und habe hinausgeschaut. Da waren die Gestalten immer noch am Gummibärliautomaten. Auffallend war für mich, auch im nachhinein noch – einer von diesen Gestalten hat eine weiße Jacke oder einen weißen Anorak an, so daß ich mir noch gedacht habe, komisch, wenn ich schon bei fremden Leuten Automaten knacke, dann zieh ich doch keine weiße Jacke an. Für mich selber war es aber von Vorteil, weil ich ihn gut gesehen habe. Den mit der weißen Jacke habe ich voll im Visier, ich zieh durch, patschbumm, Blattschuß, Volltreffer, den hat es gleich einahalb Meter in die Höhe geschnalzt, und dann ist er wie ein Sandsack runtergefallen. Der war erledigt, der war perdu, der hat keinen Pfiff mehr gemacht, nicht so wie der andere, weil der hat dann geschrien, der hat geplärrt wie ein Jochgeier. Das wird mir unvergeßlich bleiben, wie der geschrien hat: Mami, Hilfe, Hilfe! Da hab ich mir gedacht, ja, mein Freund, dir helf ich schon. Und bin mit dem Gewehr hinunter. Da wollt der sich verstecken, der Kerl. Hinter einem Ford-Kombi wollt er sich verstecken. Da hab ich gesagt, Freundchen, mich ziehst du nicht an der Nase herum. Aus mir kannst du keinen Affen machen, da mußt du früher aufstehen. Da schieß ich durch den Motor durch, und dann schauma weiter. Und ich hab auch abgedrückt, und es hat ihn auch erwischt, aber nur einen Lungenstreifschuß, und er hat's auch überlebt am Ende. Sie können sich vorstellen, was dann los war. Polizei und das übliche Pipapo. Aber nur damit Sie Bescheid wissen, was da heute los ist, was da vor sich geht. Der mit der weißen Jacke, der Kerl, sage und schreibe noch keine fünfzehn Jahre, und der andere noch keine sechzehn. Jetzt kommen Sie ... Aber der Hammer kommt erst. Passen Sie auf, es vergehen zwei Wochen, drei Wochen, bitte legen Sie mich nicht fest ... Jetzt bekomm ich einen Schrieb vom Landgericht, meine Frau legt ihn mir noch vor. Ich denke noch, klar, das ist jetzt die Vorladung in dieser Angelegenheit, daß ich erscheinen soll als Zeuge, das hab ich gedacht. Krieg ich doch glatt eine Anklage, und es findet sich tatsächlich ein Richter, was heißt Richter, ein Richterlein, ein junger Kerl noch, wahrscheinlich hat er gerade ausgelernt gehabt, der mich zu sage und schreibe achtzehn Monaten, zwar mit Bewährung, aber verurteilt. Natürlich geh ich in Revision, aber ich frage mich, wo befinden wir uns denn, was ist denn das für eine Gesellschaft, wo wir heute sind?! Ist das ein Rechtsstaat, ist es das Deutschland, das wir gemeinsam aufgebaut haben? Ich weiß es nicht, vielleicht wissen Sie's. Ich nicht.

In der Buchhandlung

KUNDE. Grüaß Gott, Fräulein! Ich hätt gern ein Buch.

BUCHHÄNDLERIN. Ja, guten Tag, was hätten Sie sich denn da gedacht?

KUNDE. Ja, es is aso, wissen Sie, mei Kusaa, der Alysi, er hat Geburtstag, jetz hamma uns gedacht, mei, Sie verstehn? Ein Paperback, des is halt doch – äh – zu dünn, net? Des macht doch net viel her. Jetz hamma uns gedacht, halt doch irgend etwas, was etwas hermacht, verstehen Sie?

BUCHHÄNDLERIN. Ja, also, haben Sie irgendeine Vorstellung von einem Inhalt?

KUNDE. Ja mei, es is aso, also, der Alysi hat ja die Zeit nicht, verstehen Sie, also wenn er reinschaugt – äh –, nachhert sogn mir amal, er möchad lacha ... Lachen, verstehen Sie?

BUCHHÄNDLERIN. Ja, also gut, da hätte ich hier zum Beispiel eine Jubiläumsausgabe von Wilhelm Busch.

KUNDE. Hähähä, ja mei, hähä! ... Na, der Alysi is scho vierzg Jahre, wissen Sie! Nein, nein, kein Kinderbuch, hähä, ja der Struwwelpeter und so ... ich kenn mich aus, hähä! Nein, nein, es soll etwas sein, sagn mir amal, etwas Repräsentatives. Der Alysi ist altdeutsch eingerichtet. Jetza sagn mir mal so: Wenn man hereinkommt, man kommt beim Alysi, von der Diele kommt man herein, jetzt wenn man ins Wohnzimmer kimmt, daß man es vielleicht auf einen Tisch legen kann oder so, daß man halt dann gleich das sieht, und bevor ma Kaffee trinkt oder so, daß ma's halt auch sieht. Verstehn Sie, das waar's gewesen.

BUCHHÄNDLERIN. Ja, also, hier – da hätten wir noch etwas anderes, das wäre ein Ausgabe von Immanuel Kant, das wären sozusagen 1300 Seiten, ein Buch, das durchaus zeigen würde ... das Niveau verbreitet, nicht wahr? Und das sofort demonstriert, in welcher Haushaltung man sich befindet.

KUNDE. Hä, ja, äh, ja, des klingt net schlecht, net? Emanuel Kant, ja, jetzt, was sagt dieser, äh, Kant, dieser Emanuel Kant aso?

BUCHHÄNDLERIN. Immanuel Kant beschäftigt sich mit der hermeneutischen Fundamentalontologie als Analytik der Existentialität des Denkens, des Wesens vom Sein, nur in etwas anderer Art als Heidegger ... aber ich würde doch sagen, in einer etwas spezifizierten Art und Weise.

KUNDE. Hä, ja, hähä, ja, da wird, hä, da wird er schaugn, der Alysi! Ja, ob er jetz natürlich, äh, hm, vielleicht ham S' doch was anderes, sagn mir mal, ein Tierbuch, hähä, oder so was, wissen Se' schon, gell, Tierbuch oder so, äh. Aber wissen S', Fräulein, genauso schwer, net? Also, und auch so an grünen Einband.

BUCHHÄNDLERIN. Ja, also, da hätte ich, an Tierbüchern hätten wir hier ein Buch, äh, das ist eine Beschreibung der Fauna und Flora der letzten fünfhunderttausend Jahre, in einigen Passagen sehr elektrisierend beschrieben, mitreißend sozusagen und sehr veranschaulichend.

KUNDE. Ja, ja, des klingt net schlecht, net?

BUCHHÄNDLERIN. Ja, wissen Sie, also hier wird zum Beispiel eine Beschreibung des Aussterbens des Mastodon sehr spannend beschrieben. Ich würde sagen, also durchaus ein gewichtiges Werk, das über die letzten fünfhunderttausend Jahre geschrieben wurde.

KUNDE. Ja, ah, ja, Fräulein, wie sagen Sie, äh, wie hoaßt der Mast... der Mast... äh, der Mastdarm ... äh, Mast...?

BUCHHÄNDLERIN. Mastodon! Mastodon, das war sozusagen der Flegel der ausgehenden Eiszeit ...

KUNDE. Ja, hahaha, also Sachen, ein Treibauf, gell? Hähähä, Mastodon, ein Treibauf, hähähä, ja, das klingt nicht schlecht! Fräulein, wissen S' was? I glaub, des nehm i ...

Disagissimo

HERR PFLANZL, *Direktor der Kreissparkasse*
HERR PFEIFFER, *Presseheini*
HERR SCHMITZ-ZEISZYK, *Künstler*
HERR SPITZER, *Musiker*

DIREKTOR. Wenn wir Asylanten und Flüchtlingen einen Bausparvertrag verkaufen, dann können Sie sicher sein, daß wir von der Sparkasse uns dabei etwas überlegt haben. Dieser Kundenkreis ist natürlich etwas mobil – aber selbst nach einer erfolgten Ausweisung hat die Sparkasse doch bewiesen, daß sie auch in ambulante Personen ein hohes Maß an Vertrauen setzt. Es wird unsererseits niemand gezwungen zu bauen. Aber allein der Wille zum Bausparen für sich ist doch lobenswert, aber diese – entschuldigen Sie den Ausdruck –, diese Scheißpresseheinis machen daraus eine Affäre und – ach ja – da sind Sie ja – das ist der Herr Pfeiffer, gell – von der Heimatzeitung …

PFEIFFER. Ja, Pfeiffer …

DIREKTOR. Ja gut, Herr Pfeiffer – also es geht um folgendes – in Stichworten – Sie wissen – Deutsche Bank – Dresdner Bank – Hypo haben neben der sattsam bekannten Sportförderung – Kunst und Künstler – aber vor allem auf internationalem Niveau gefördert. Und sie haben ihre Chefetagen mit allem möglichen gepflastert – von Chagall bis Ding … na ja, Sie wissen schon, die Modernen halt. Und wir, Herr Pfeiffer, und das ist unsere Philosophie, also die Philosophie der Kreissparkasse – wir wollen ebenfalls eine Förderung ermöglichen, ein Sponsoring, aber, Herr Pfeiffer, für unsere Künstler vor Ort. Wir wollen der Kunst die Wege ebnen – Geld und Kunst, das ist heute kein Widerspruch mehr. Wir wollen, daß hier bei uns der Künstler einen Katalysator findet, einen Freund, der ihn bei der Hand nimmt und ihm sagt: »Ja, es ist jemand da, der weiß, eine lebendige Heimat existiert nur da, wo deine Kreissparkasse mit ihrem Know-how dir ein Signal setzt« – und das Ganze … also, die ganze Aktion heißt und steht unter dem Motto: »Kreissparkasse meets art.«

PFEIFFER *(notiert)*. »Kreissparkasse meets art.«

DIREKTOR. Genau, Kreissparkasse meets art.

PFEIFFER. Genau.

DIREKTOR. Ich werde dann eine kurze Rede halten und unseren Künstler, den Herr Schmitz-Zeiszyk, vorstellen – übrigens müßte der schon längst da sein … Also, ich stelle sein Werk vor, das heißt, also, er nennt's: »Risse in der Gesellschaft« …

PFEIFFER *(notiert).* »Risse in der Gesellschaft.«

DIREKTOR. Haha, mein Gott, na ja, Sie wissen schon, diese Künstler … also, ich selber hab das Werk noch gar nicht angeschaut, aber ich, für mich ist so was sowieso nichts … also, in mein Zirbelstüberl kommt so was eh nicht hinein, aber, Herr Pfeiffer – bitte, in Ihrem Artikel wäre es schön, wenn vor allem darauf hingewiesen wird, daß die Aktivität der Kreissparkasse gewürdigt wird, als Mäzen und so – also hervorgehoben wird. Und ich übergebe dann auch den Scheck an den Schmitz-Zeiszyk in Höhe von fünftausend Mark.

PFEIFFER. Ja, ich mach dann ein schönes Foto von der Scheckübergabe.

DIREKTOR. Genau, der Scheck im Mittelpunkt, und Sie sagen mir dann, wie ich den Scheck halten soll.

PFEIFFER. Jetzt hätt ich aber noch eine Frage.

DIREKTOR. Bitte, Herr Pfeiffer.

PFEIFFER. Warum kriegt der Schmitz-Zeiszyk die fünftausend Mark?

DIREKTOR. Ja, lesen Sie Ihre eigene Zeitung nicht? Wer hat denn dann den Artikel geschrieben?

PFEIFFER. Das war sicher der Chef.

DIREKTOR. Natürlich, das war Ihr Chef, der Herr Ammesmeier.

PFEIFFER. Da war ich in Urlaub.

DIREKTOR. Weil es ist doch so, der Schmitz-Zeiszyk, ob der ein guter Künstler ist, das übersteigt meine Kompetenz – wie gesagt, über Geschmack läßt sich streiten –, aber Schmitz-Zeiszyk ist seit Jahren finanziell am Paddeln – also, ich plaudere kein Bankgeheimnis aus –, er ist ständig unter dem, was wir als Kreissparkasse konzedieren können.

PFEIFFER. Steht der so im Wasser?

DIREKTOR. Was heißt da: im Wasser stehen? Der ist ein Tiefseetaucher, aber ohne Sauerstoffflasche – haha …

Pfeiffer will notieren, aber der Direktor hält ihn davon ab.

DIREKTOR. Aber es war unmöglich, ihn absaufen zu lassen, weil er ist ein enger Verwandter ...

PFEIFFER. ... von der Großbäckerei Furtner.

DIREKTOR. Sie sind ja doch informiert.

PFEIFFER. Ja, der Chef hat mir ...

DIREKTOR. Also, jetzt standen wir vor dem Problem, was tun? Den Furtner fragen, ob er seinen Neffen auslöst, wollten wir diskretionshalber nicht, äh, also, dann, ich habe dann die Idee gehabt – also, wir von der Kreissparkasse haben gesagt, wir machen einen Wettbewerb: »Disagissimo – Kunst im Landkreis«, und mit Hilfe Ihrer Zeitung, also vom Herrn Ammesmeier selbst, der die Jury geleitet hat, war klar, den ersten Platz macht Schmitz-Zeiszyk und kriegt die fünftausend Mark, also den Scheck, und das Geld zahlen wir auf sein Konto bei uns ein, dann ist er wieder frisch, und unsere Kunstpromotion hat eine Öffentlichkeit, imagemäßig. Also, wir haben eine Fliege mit zwei Klappen geschlagen. *(Zu Spitzer.)* Herr Spitzer, sind Sie soweit?

SPITZER. Ja.

DIREKTOR. Der Herr Spitzer gestaltet den musikalischen Teil der Vernissage und spielt eine eigene Komposition – wie heißt Ihr Arrangement, Herr Spitzer?

SPITZER. Inkasso.

DIREKTOR. Sehr gut. Ah ja, da kommt ja unser Künstler – unpünktlich sinds halt, die Künstler, aber vor allem, wenn's unbekannt sind, weil wenn's berühmt sind, brauchens nicht mehr pünktlich sein – haha. Sind Sie soweit, Herr Schmitz-Zeiszyk?

SCHMITZ-ZEISZYK. Ja.

DIREKTOR. Also, meine Damen und Herren – bevor wir also jetzt zur Enthüllung schreiten, spielt uns unser Herr Spitzer noch eine eigene Komposition vor – Inkasso ...

Spitzer spielt. Nach einiger Zeit wird der Direktor nervös und applaudiert.

DIREKTOR. Danke, Herr Spitzer, für diesen Ohrenschmaus. Also, fangma an … Sehr verehrte Damen und Herren, bitte erlauben Sie, daß, daß wir von der Kreissparkasse, Filiale Hausen, Ihnen heute unseren Künstler, den Herrn Schmitz-Zeiszyk vorstellen. Der Herr Schmitz-Zeiszyk arbeitet seit Jahren an dem Projekt mit großer Intensität – das Thema heißt: »Risse in der Gesellschaft«, und dieses Thema hat bei uns in der Kreissparkasse sofort die Alarmglocken klingeln lassen, und wir haben sofort spontan gesagt, jawohl, da ist einer unter uns, der den Finger auf die Wunde legt, was gerade in der heutigen Zeit so wichtig ist, daß einer einen Sensor hat, da wo es brennt und knirscht im Getriebe – der ein Gespür entwickelt hat für diesen erschreckenden Mangel an Mitgefühl, einer, der weiß, wo es hapert am Sozialen, äh, und an der Aufrichtigkeit. Und damit es zwickt, das Gewissen, das veranschaulicht uns der Herr Schmitz-Zeiszyk mit seinen aufwühlenden Darstellungen … *(Zu Spitzer.)* Jetzt Tusch … und jetzt möchte ich das Kunstwerk enthüllen … *(Applaus.)* Und jetzt überreiche ich Herrn Schmitz-Zeiszyk den Scheck in Höhe von fünftausend Mark. *(Zu Schmitz-Zeiszyk.)* Diesen Scheck brauchen Sie nicht, aber das Geld geht unmittelbar auf Ihr Konto.

PFEIFFER. Bitte, den Scheck höher halten – danke.

DIREKTOR. Die Kreissparkasse möchte hier noch einmal manifestieren, daß wir hautnah, an der Kreativität, äh – bitte, Herr Spitzer!

PFEIFFER *(fotografiert.)* Ich hätte noch eine Frage, Herr Pflanzl.

DIREKTOR. Bitte, Herr Pfeiffer.

PFEIFFER. Wie lange geht denn die Ausstellung?

DIREKTOR. Ja heute, den ganzen Nachmittag bis siebzehn Uhr dreißig – Schalterschluß.

SCHMITZ-ZEISZYK *(rastet aus).* Was, aber das gibt's doch nicht, das ist doch ein Wahnsinn …

DIREKTOR. Bitte, Herr Schmitz-Zeiszyk, beruhigen Sie sich – hat Ihnen das die Frau Kuschmelka nicht gesagt? Das war doch vereinbart ...

SCHMITZ-ZEISZYK. Das ist doch ein Irrsinn, eine Provinzposse. *(Er nimmt sein Kunstwerk und geht.)*

DIREKTOR. Aber morgen ist doch der Weltspartag, da muß das Zeu... äh, Sie verstehen, an diesen Platz kommen die Sparschweine hin und die Luftballons.

SCHMITZ-ZEISZYK. Was ist schon der Einbruch in eine Bank gegen die Gründung einer Bank!

DIREKTOR. Ha, ha, jetzt zitiert er den Bert Brecht! Also, sie sind schon sehr sensibel, diese Künstler, aber sie haben einfach ein gebrochenes Verhältnis zum Geld ... Bevor es jetzt dann gleich ein paar Kanapees gibt und was zu trinken, spielt uns der Herr Spitzer noch was Schönes – wie heißt das Stück?

SPITZER. Disagissimo.

V

Der Cineast

Wissen Sie, ich kann etwas mitreden, ein bißchen kann ich mitreden. Ich sage ja nicht, daß ich den deutschen Nachkriegsfilm gestaltet habe. Den Schuh ziehe ich mir nicht an, nicht wahr, aber ich war dabei. Von Anfang an war ich Komparse. Ich war Komparse der ersten Stunde, nicht wahr. Nennen Sie mir irgendeinen großen deutschen Filmregisseur von Rang, mit dem ich nicht gearbeitet hätte. Da können Sie nennen, wen Sie wollen. Sagen Sie Schlöndorff, kenne ich, Wim Wenders oder Werner Herzog, ich kenne die alle. Wenn ich Ihnen darüber Anekdoten erzählen würde, da würden wir heute nicht mehr fertig. Na gut, wenn Sie mich drängen, dann erzähl ich Ihnen eine. Na ja, passen Sie auf, es war folgendermaßen. Ich drehte einen Film, mit, äh – Fassbinder, ich weiß es noch sehr gut. Fassbinder kam zu mir, nicht wahr, und hat mich gefragt, ob ich mitspielen möchte. Ich sage, na ja, es ist schon scheißegal, nicht wahr. Und ich mußte damals eine Szene drehen, das war eine schwierige Aufgabe. Ich sollte damals spielen mit dieser Schauspielerin Hanna Schygulla. Hanna Schygulla, nicht wahr, und ich sollte eben darstellen, wie diese Hanna Schygulla an mir vorübergeht, nicht wahr. Die Szene wurde aus technischen Gründen dann nicht gezeigt, nicht wahr. Aber ich meine, ich kann mich gut erinnern, wie dann diese Hanna Schygulla damals, nicht wahr, die Frau mußte eine Szene drehen, dann noch eine Rolltreppe rauf, runter, eine Rolltreppe immer rauf, runter, rauf, runter, nicht wahr, von Tagesanbruch an. Und dieser Fassbinder, der Mann war ja ein Monster, der hat diese Frau schikaniert, immer wieder noch mal, diese Rolltreppe rauf, runter. Die Frau war, diese Schygulla war fix und foxi. Weiß ich gut, wie sie dann zu mir kam und zu mir gesagt hat, also, nicht nur, daß sie es gesagt hat, wie diese Frau das gesagt hat, das war, nicht wahr, da sagt Hanna Schygulla, diese berühmte Schauspielerin, sagt zu mir: »Mein Gott«, sagt sie, »diese Rolltreppe.« Das war die Hanna Schygulla. Wissen Sie, ich meine, warum erzähle ich Ihnen das überhaupt? Ich meine, ich kann es einfach nicht haben, daß man den deutschen Film heute so runtermacht. Der deutsche Film, der wird einfach in den Boden geredet, nicht wahr. Ich habe nichts gegen Hollywood, verstehen Sie mich richtig, aber so den deutschen Film als nicht mehr existent zu bezeichnen, das ist infam. Was da behauptet wird. Wir hätten in Deutschland keine Filmstare. Die Filmstare sind doch da, nicht wahr, aber man muß auch einem deutschen Filmstar auch mal eine Rolle geben, die den Namen Rolle verdient. Wir haben international reputierte Filmstare. Ja, haben wir einen Derrick, oder haben wir ihn nicht? Ja, warum sehe ich einen großen Mimen wie einen Wussow, warum sehe ich den Mann auf internationaler Leinwand nicht mal als Frauenarzt? Ja, und dann, das ist das Schlimmste, nicht wahr, da wird behauptet, wir hätten in Deutschland keine Drehbuchautoren, wir hätten keine Erzähler, keine Narrateure, nicht wahr, keine Drehbuchautoren. Die sind doch da! Wie viele Drehbücher habe ich ihnen allein schon geschickt im Laufe meines Lebens? Ja, ich habe sie nicht mehr gezählt, und ich weiß auch gar nicht, was sie mit meinen Drehbüchern gemacht haben. Möchte es gar nicht wissen. Jetzt habe ich noch einmal ein Drehbuch geschrieben, das ist die Vorlage für einen großen deutschen Film. Ein großer deutscher Film mit international dimension. Da ist alles drin, was ein großer Film heute braucht. Verstehen Sie, da ist alles drin. Plots, Sweats und Tears, Sex and Crime, Tragedy, Comedy, alles da drin.

Na gut, weil Sie's wollen, ich erzähl's Ihnen, nicht wahr, also hören Sie auf. Aber ich erzähl Ihnen jetzt nur den Plot, nicht wahr, weil so viel Zeit hab ich nicht mehr. Also, passen Sie auf, also folgendermaßen: Kreischke heißt der Protagonist. Kreischke wohnt in München-Haidhausen, zurückgezogen mit seiner Lebensgefährtin, einer etwas ambivalenten Person. Aber er lebt zurückgezogen, nicht wahr, man würde sagen, er amorphelt vor sich hin. Da sehen Sie schon, wie dieser Film interessant beginnt, nicht wahr, ganz ruhig, nicht wahr, ruhige Einstellungen. Und eines Tages entschließt er sich, im Morgenmantel geht er runter, das Treppenhaus, nicht wahr, geht zum Briefkasten, entnimmt einen Brief, öffnet, und da – die Schatten der Vergangenheit. Er soll denunziert werden. Jetzt haben wir eine Rückblende. Ja, wir gehen jetzt zurück, und da ist es, nicht wahr, Kreischke hat damals, vor Jahren, hat er eine Diskussion mit einem Vis-à-vis. Diese Diskussion wurde sehr emotionell geführt und konnte von Kreischkes Seite aus nur gemeistert werden, weil er zufällig einen Peacemaker bei sich hatte, nicht wahr, das Vis-à-vis fiel um und so weiter, Kreischke ging zur Fremdenlegion etcetera, etcetera. Und da, jetzt sind wir wieder in der Jetztzeit, da ist der Drohbrief. Kreischke ist vollkommen konsterniert, panikt, chaotisiert, nicht wahr, mit dem Brief in der Hand im Morgenmantel flieht er von München nach Wien, von dort nach Budapest, von dort nach Bukarest, von dort nach Sofia, dann Istanbul, dann nach Kabul, dann nach, ach, scheißegal halt, er flieht, nicht wahr, hochinteressant, nicht wahr. Wie er im Morgenmantel herumchaotisiert, nicht wahr, trifft aber durch Zufall auf eine Frau – Sie sehen schon das Konzept dieses Filmes –, hochinteressant, nicht wahr, und dann sehen wir diese Frau auf ihn zukommen, eine schöne, eine Euro-Asiatin, ja eine, ich würde sagen, etwas ambivalente Person, nicht wahr. Die Frau kommt auf ihn zu, nicht wahr, man muß auch das … man muß auch an den Zuschauer denken, nicht wahr, die Frau kommt, öffnet die Bluse, ein Silikonwunder, nicht wahr, also großartig, es kommt zum Tête-à-tête, nicht wahr, da plötzlich, aus dem

Ungefähren, kommen diese Drogen-Mafiosi, nicht wahr, kidnappen vor den Augen dieser Frau, äh, vor seinen Augen, Entschuldigung, also, sie kidnappen jetzt die Frau, nicht wahr, vor Kreischkes Augen, bringen diese Frau in einen Helikopter, fliegen mit ihr weg, nicht wahr, über den Pazifischen Ozean, werfen diese Frau ins Meer, nicht wahr, wie Müll, nicht wahr, da kommt der Weiße Hai, schnappt die Frau. Jetzt ist Kreischke vollkommen durcheinander, nicht wahr, sie müssen sich vorstellen, ist ja nur der Plot, da kommen natürlich noch andere Szenen, Sie müssen's sich vorstellen, da kommen die Aliens von einer anderen Galaxie, die in Wirklichkeit keine Menschen, sondern Pommes frites sind, nicht wahr. Aber warten Sie, bleiben wir beim Ding, jetzt erst Kreischke, nicht wahr, dieses Erlebnis hat ihn verwundbar gemacht, nicht wahr, jetzt ein Schrei des Schmerzes. Er flieht, nicht wahr, runter nach Kapstadt, Toronto, von Toronto wieder rauf nach Rosenheim, und dann wieder, nicht wahr, bis wir ihn in Bogotá wiedersehen, nicht wahr, wir sehen ihn auf der Plaza und dann immer Folklore, trm-trm-trm-trm, im Morgenmantel, nicht wahr, durch Bogotá, nicht wahr, da kommt er wieder auf eine Frau, eine schöne Frau, übrigens eine Euro-Indianerin, ich würde sagen, eine etwas ambivalente Person, nicht wahr, es kommt zum Tête-a-tête, jetzt sind sie schon wieder da, die Drogen-Mafiosi. Jetzt bemächtigen sie sich aber Kreischkes, sie packen ihn, nicht wahr, führen ihn vor den Augen dieser Frau in ein Labor, in einen Keller, implantieren in seinen Körper einen Virus, einen Killervirus, der ihm selber nichts anhaben kann. Er soll nur als Bombe, als Zwischenwirt, benutzt werden, nicht wahr, und immer, wenn eine Musik ertönt, eine bestimmte, daa-ra-raa-raa-ra-raa, dann fängt Kreischke an zu schwitzen, nicht wahr, und über die Schweißperlen aus seiner Stirn stürzt sich der Killervirus heraus, auf jeden nächsten, und vernichtet ihn, nicht wahr, und deshalb ist der Titel dieses meines großen deutschen Spielfilmes: Der Transpirator.

Die Weltreise

Wir haben heuer mal eine Weltreise gemacht. Aber ich sag's Ihnen gleich, wie es ist: Da fahren wir nimmer hin.

Menschenfresser

Wir haben gesagt, Mariele, Mariele, du konntest ja letztes Jahr nicht mit uns mitkommen, weil du warst ja verhindert, du hast ja deinen Pilz ghabt, und außerdem hast du den Führerschein gmacht, gell. Du hast ja den Führerschein gmacht und hast dazu dreiundneunzig Stunden gebraucht, ich mein, du hast jetzt den Führerschein, ham mir gsagt, Mariele, aber es ... du warst verhindert, du konntest nicht mit uns mitfliegen, außerdem sind wir ja letztes Jahr nur auf die Virgin Islands gefahren, des war wegen diesem Benefizessen, dieses Wohltätigkeitsessen, das war dieses Lobster-Festival ... äh, äh, zugunsten der Tiramisu-Geschädigten. Und wir haben gesagt, Mariele, dafür kannst du dieses Jahr mit uns mitfliegen, wenn wir diesen Gastronomie-Adventure-Trip machen. Äh, der Gastronomie-Adventure-Trip wurde von der Zeitschrift ... ähm ... nicht »essen & trinken«, auch nicht »Der Feinschmecker«, sondern wurde von ... »Le Gourmeur« veranstaltet – der »Le Gourmeur«. Und die haben des organisiert, und wir sind dann, an dem Donnerstag, wo es so saukalt war, da sind wir dann vom Franz-Josef-Strauß-Airport weggeflogen, nonstop, direkt über Singapur, dann nach Sydney, weil Sydney war unser Headquarter. Und wir sind dann, jetzt warten Sie, des war dann, ich komm immer mit der Zeit durcheinander, weil da war dieser Jetlag; der Vati hat auch gesagt, Jetlag, na, des hättens ja in den Prospekt reinschreiben können, daß da ein Jetlag is, net, weil mir ham ja den Tag bezahlt, aber mir ham ihn nicht gekriegt, net, so ein Jetlag, das ist ungefähr so was wie … äh … ein Disagio bei der Bank, net, das Geld sieht man auch nicht mehr. Na ja, und dann war der erste Gastronomie-Adventure-Trip, der stand unter dem Motto … äh, »Essen …«, äh … »Wir fliegen zu den Aborigines: Essen wie vor zehntausend Jahren«. Wir haben halt gedacht, na ja, des is halt ein … äh … das ist halt ein – Motto, wir haben ja nicht gewußt, daß die wirklich wie vor zehntausend Jahren fressen, net; und ich muß auch sagen, was sich diese Aborigines ausgedacht haben, also das ist – mit Essen hat das nichts zu tun, gell. Des ist auch kein Abenteuer, sondern ein Skandal. Da ham sie dem Vati – zum Beispiel ham die serviert … a so … ähm … äh, hm, so, so … Insektenrouladen, nicht, und dann so Termitenravioli … also, grauenhaft, net. Der Vati hat sich wirklich überwunden, daß er überhaupt – es zu sich nimmt, net. Und wie er des wollte, da kommt der Bürgermeister, oder was er ist, von diesen Aborigines und spuckt dem Vati auf diese Ravioli drauf, net. Der Vati hat gleich den Guide kommen lassen, hat gsagt, »Sie, der Kerl, der speit auf meine Ravioli drauf«. Dann sagt der Guide, »na ja, des is bei denen eine alte Tradition, das bedeutet bei denen ›guten Appetit‹«. Und dann hat der Vati gsagt, »ja, sagn Sie dem amal, ob er nicht weiß, daß die zehntausend Jahre jetzt vorüber sind«, net – also fürchterlich! Und der Vati hat sich wirklich, also – überwunden! Es war so ungustiös, gell? So ungustiös! Und trotzdem, der Vati beißt rein, nein, also staubtrocken. Der Vati hätt beinah einen Hustenanfall bekommen, gell – also so trocken. Der Vati hat gesagt, »also, ein – Gugelhopf ist ein feuchter Schwamm dagegen«, net – grauenhaft. Und dann – ham sie ihm eine Sauce gebracht, eine Pfefferminzsauce, und dann sagt der Vati, »na ja, was heißt Pfefferminzsauce! Muß ich zwanzigtausend Kilometer fliegen, daß ich eine Pfefferminzsauce bekomme?« Oder, damit Sie sich's vorstellen können, was die noch serviert ham: Dann ham sie einen Heuschreck serviert –

ein Heuschreck, so groß wie ein Dackel. Aber den Heuschreck selber, den verzehren sie nicht, net, sie essen nur seine Exkremente, net, auf deutsch: den Scheißdreck. Also, hören Sie auf! Wir ham drei Kreuze gemacht, wie wir endlich wieder im Headquarter waren. Aber dann, beim »Le Gourmeur«, ham sie sich dann schon angestrengt, sie ham gewußt, jetzt müßten sie sich ins Zeug legen, und im Mainland haben wir dann bekommen, jetzt warten Sie, ham sie gegessen, ein – das war sehr gut, à point, also das Fleisch war à point, ähm –, einen Carpaccio, ein Fleisch vom Koalabären. Nur dann ham sie wieder eine Pfefferminzsauce draufgeschüttet. Die tun auf alles Pfefferminzsaucen drauf. Wissen Sie, weil diese Australier haben das schwere Erbe der englischen Küche angetreten, – Oder wir ham gegessen, das war ein Auflauf, ein … ähm … Souffle an Flamingozungen, hat's geheißen. Flamingozungenauflauf an Bordeaux-Wein, nicht. Aber da war gerade diese Mururoa-Sache, diese Gaudi mit diesen Atomtests, Sie wissen schon. Und dann kommt der Guide daher und sagt, ob wir ausnahmsweise statt diesem Bordeaux vielleicht doch lieber einen Trollinger trinken. Und dann hat der Vati gesagt, »na ja, also wenn wir damit dem Chirac eins auswischen, in Gottes Namen, trinken wir auch einen Trollinger dazu«. Und dann kam diese Enttäuschung, so eine Enttäuschung, also, ich hab den Vati noch nie so enttäuscht gesehen. Wissen Sie, aber es ist auch im Prospekt gestanden, es hat ja auch geheißen, wir bekommen einen Tafelspitz vom Riesenwaran. Es ist ja ausdrücklich dringestanden, dann kommt der Guide daher im letzten Moment und sagt, den Riesenwaran können sie nicht mehr servieren, der letzte Waran ist vor drei Monaten ausgestorben, ein Zahnarztehepaar aus Ebersberg bei München hat den letzten gefressen. Also, Sie hätten unsern Vati sehn sollen … Der Vati war – also, vollkommen desillusioniert. Er hat gesagt, »warum mache ich die Reise, warum mach ich diese Reise«, er sagt, »einmal in meinem

Leben hätte ich halt so gern einmal etwas Ausgestorbenes probiert«. Na ja, dann haben sie sich dafür entschuldigt und haben ersatzweise diese Eier serviert von diesen Sch... äh ... Riesenschildkröten, wissen Sie, und der Guide hat gesagt, er geht davon aus, äh ... die sterben auch bald aus. Und dann haben sie sie serviert und haben wieder diese Pfefferminzsauce drauf. Na ja, also jetzt, kurze ... lange Rede, kurzer Sinn, und dann kam der Höhepunkt der Reise: Das Motto hat geheißen »Wir fliegen zu den Papalangi«, das sind diese Man-Eater, wobei ich sagen muß, der Begriff Man-Eater ist mißverständlich, denn sie essen ja Frauen auch. Also, wir sind rübergeflogen mit Transfer und Propellermaschine, und dann – eine Hitze, ich sag Ihnen, eine Hitze, brüllende Hitze, Dreck, Schlamm, Mücken, Schnaken, Bremsen, nicht wahr, fürchterlich, bis man zu diesen Man-Eatern kommt. Stundenlang sind wir mit dem Ranch Rover durch diesen Dreck, weil dieser Stamm ist ja erst vor einem Dreivierteljahr entdeckt worden, aber sie sind bereits ... äh ... katholisch – also den Papst kennen sie. Und einer von ihnen, der Medizinmann, hat sogar diesen Karl Moik, diesen ... äh ... vom ... vom ... Musikantenstadl, hat er schon auf einem Bild dabeigehabt. Und ... äh ... und ich muß auch sagen, diese Man-Eater, sie sind auch ... also ... herrlich in ihrem Benehmen, wie sie uns empfangen ham, mit einer Herzlichkeit und einer Natürlichkeit, mit einer Nonchalance haben sie uns begrüßt, und sie haben getrommelt – sie trommeln ja so gerne –, mit einer Inbrunst haben sie getrommelt, »Stille Nacht« ham sie getrommelt, und ... ähm ... und das Kufsteinlied und »Horch, was kommt von draußen rein«. Also diese Man-Eater! Und dann muß ich noch sagen, ja, als es dann soweit war, bevor wir zu Tisch gebeten wurden, äh ... ist der Guide noch mal gekommen und hat uns gesagt, »wer jetzt dann kein Menschenfleisch nicht essen will, braucht es auch nicht zu essen, der kann ersatzhalber auch Maultaschen oder Spa-

94

ghetti oder ein Tiroler Gröstl bekommen, also keiner muß es essen«. Nur unser Vati hat gesagt, »kommt nicht in Frage, ich hab das Fleisch bezahlt, ich hab's gebongt, und wir essen es auch«. Und wie diese Man-Eater auch den Tisch gedeckt haben, das muß man gesehen haben. Also, und mit einem Geschmack, diese Man-Eater. Sie ham ein Dekor und auch ökologisch, also, zum – alles so schön hergerichtet, keinerlei Plastik, nur Porzellanteller, wunderbar gedeckt, der Tisch, also, man … man muß zugeben und sehen, diese Man-Eater, sie sind auf der Höhe der Zeit, sie wissen, das Auge ißt mit. Und dann, bevor wirklich serviert wurde, hat unser Vati, weil wissen Sie, unser Vati ist seit diesem Rinderwahn mit dieser BSE-Geschichte, ist unser Vati sehr hellhörig, alles, was Fleisch angeht. Und dann hat er den Guide kommen lassen, hat gesagt, »bitte, sind Sie so nett und verraten Sie mir, woher kommt das Fleisch?« Aber der Guide hat ihn gleich beruhigt und hat gesagt, nein, er garantiert, das Fleisch ist clean, also er gibt ein Zertifikat, sie legen eine Hand ins Feuer, also sie sind da … also wir brauchen keinerlei Angst zu haben, das Fleisch ist vollkommen in Ordnung. Er sagt, das Fleisch kommt höchstens, er sagt, wenn diese Man-Eater einen erwischen, vielleicht einmal von den Boat people, dann kann es sein, daß er in den Topf kommt, oder in seltenen Fällen, aber wirklich nur sehr selten, wenn er überhaupt hergeht, dann vielleicht einmal ein Blauhelm, aber er sagt, wenn da ein Engländer dabei ist, dann lassen sie ihn sowieso wieder laufen. Also, ich sag's ganz ehrlich, ich bräuchte kein, äh … kein Menschenfleisch essen, und das Mariele hat auch gesagt, nein, also jeden Tag müßte sie das wirklich nicht haben. Und wir ham's auch nicht mitgenommen, weil sie ham's uns als Suppe in Konservendosen noch verkaufen wollen, nicht? Also man muß es wirklich nicht immer essen, aber auf der andern Seite sag ich halt, mein Gott, man war einmal dabei, man hat's einmal probiert, man kann halt doch einmal mitreden.

Der Hobby-Feuerwerker

Elmar Heiduk in seinem Wohnzimmer vor dem Fernseher.

Ah, was war jetz gestern? I woaß jetz gar nimmer – oder war's vorgestern? Des war ganz gut. Er is noch, mit einer Hand is er noch an der Dachrinne vom Kirchturm ghängt. Zerscht mit der ganzen Hand und dann noch mit drei Finger und dann mit zwei, und dann is der kommen mit de Lederstiefel und is ihm aso auf die Finger – so, äh … und na hat man untn aufpflatschen sehn. Des war toll, obwohl's nur schwarzweiß war.

Na ja, und dann, was war denn dann noch? Dann war nimmer viel los – ah ja, Ding hab i noch gsehng, Karl Moik und Carolin Reiber mit'm Musikantenstadl – unterwegs in die innere Mongolei mit'n Ding, am Urviech – des war auch recht nett.

Na ja, und dann war nimmer viel los.

Was hab i dann noch gschaugt? Nachtgedanken mit'n Kulenkampff. Mei – nicht mehr viel los. Mir is dann richtig fad worn.

Ich bin dann noch a bisserl spaziern ganga – wissen S', da, glei da draußn, wo s' des neue Möbelcenter hingstellt ghabt ham.

Na ja – also wenn der Telefonmast aus Holz net da gwesen wär, ich hab dreimal hinspritzen müssn, mit'n Spiritus, bis anbrennt is.

Es is aber dann doch anbrennt, weil a bisserl a Wind aufkommen is. Ich hab's mir dann angschaut bis zum Schluß, wia des brennt hat. Hab ich mir von daheim, vom Fenster aus hab ich's mir angschaut. Jaja, genau, des war am Freitag, weil am Samstag da war doch der Dallas im Österreicher, den s' im Schweizer scho wiederholt ghabt ham. Ich habn aber im Deutschen a scho gsehng, und auf Video hab ich 'n auch.

Und dann, was war dann noch?

Ach ja – Besucher aus dem All. Des war toll. Da wo de Marsmenschen, oder was des warn, die ham doch da dem andern die Händ abghackt, und die Eingeweide hams eam rausgrissn, und dann hams es in a Friteuse nei und hams gessn. Des war so rösch, des hat so geknuspert – wie so Chips. Aah, des war toll. Ich hab's auch gleich aufgnommen auf Video.

Und was war jetz dann noch?

Dann war eigentlich nimmer viel los. Irgendwas über Tomaten in Brüssel, dann Nachtgedanken vom Kulenkampff, und dann is ma eigentlich fad worn.

Ich bin dann noch a bisserl spazierengangen, da draußen, wo s' des neue Teppichland hingstellt ham. Ich hab an Spiritus mitgnommen. Aber wie ich hinkommen bin, hat's scho brennt. Da is so a netter älterer Herr auf mich zukommen mit am Benzinkanister.

Mir ham uns dann auf a Bankerl gsetzt und ham's gemeinsam angschaut, wie's brennt hat. Der Herr hat gmeint, mir wern uns jetzt dann wahrscheinlich öfters sehn.

Jaaa, was gibt's denn heut noch? Schaut in die Programmzeitung. Miami Vice – und da ... Deutet ins Fernsehen. Bunt ist die Welt. Wissen S' was, die ham doch da hinten – hams an neuen Baumarkt-Hobbycenter hingstellt. Sie, wissen S' was? I geh noch a bisserl spazirn, weil des is ja irgendwie fad. *(Er deutet aufs Fernsehen.)* Geht mit seiner Spiritusflasche ab.

Der NS-Sammler

Also, ich bin jetzt amal, im letzten Fasching, nicht wahr, bin ich jetzt amal als SA-Mann gegangen, hähä, na ja ... man möcht's ja nicht für möglich halten, nicht wahr, aber ab und zu eckt man noch an, net wahr? Jaja, wissen Sie, des … ich hab natürlich eine private These dafür, nicht wahr, des hat natürlich nicht zuletzt schon auch damit zu tun, meines Erachtens, net wahr, weil bei der SA warens früher natürlich auch schon mehr so Plebs da, warn da schon mehr dabei, solche Proleten, net wahr, solche Underdogs, net wahr. Während natürlich bei der SS warens schon mehr die bürgerlichen Kräfte, net? Also … haha … jetzt im kommenden Fasching hab ich mir gedacht, jetz geh ich amal als Sturmbannführer, schaua mal, wie's nausgeht, net? *(Lacht.)* Na ja, ich mach gern amal an Scherz. Aber, ganz im Ernst, wissen Sie, ich bin ein Sammler, ich sammle ja das Dritte Reich, ja sicher, net, ich hab jetzt, jetzt warten S' amal, ich sammle jetzt doch schon seit circa … seit circa zehn Jahren hab ich mich aufs Dritte Reich versiert. Ich hab auch die ganzen Nahkampfspangen, die Eisernern Kreuze, nicht wahr, die Blutorden, die Orden, wo Sie sich im Generalgouvernement verdient ham, des hab ich alles. Ich hab mich ja erst neulich in Zürich, auf der Börse, hab ich mir die Originalreitpeitsche vom Himmler ersteigert, mit Originalspuren drauf. Die is aufgerufen gewesen mit siebenhundertfünfzig Schweizer Franken und is dann hinauf auf … äh, sage und schreibe tausendfünfhundert Schweizer Franken. Warum? Ja geh, die Frage ist berechtigt, das kommt daher, weil der Amerikaner unwahrscheinlich auf den Markt drückt, net wahr, der Amerikaner drückt schwer herein, gell. Trotz der Dollarkrise, net wahr, aber auf alle Fälle: Ich hab s'. Ich hab mir bei der Gelegenheit, hab ich mir noch ein Ding ersteigert, eine spanische Garrotte, ich weiß net, ob S' des kennen, wissen S', was des is, eine Garrotte? Nein? Des is so eine … wie soll ich's Ihnen erklären … des is eine Vorrichtung, so eine Apparatur, da wird praktisch der Kopf, der Schädel, samt Genick eingefädelt. Und da befinden sich links und rechts solche Schrauben dran, da wird dann langsam zugedreht. *(Macht ein Würggeräusch.)* Des is praktisch ein Erstickungstod. Wahrscheinlich haben sie's in Spanien abgeschlagen wegen dieser Demokratisierung, net, und die ham dann gedacht, na ja, wenn's in Spanien amal wieder einen Rückschlag geben sollte, da brauchen sie's wahrscheinlich wieder selber. Da is's schwierig, daß man's kriegt. Also auf alle Fälle, ich hab's. Schauen Sie, ein guter Bekannter von mir, der sammelt ja das Dritte Reich schon sehr lange, der hat ja schon, damals in der Korea-Zeit hat der ... äh, hat sich der ... der hat frühzeitig a Nase dafür ghabt, verstehn Sie? Der hat gewußt, wo ... hähä ... net wahr? Der wohnt da draußen in München ... Geiselgasteig ... Grünwald draußen, ich weiß nicht ... da, wo der Heinz Rühmann draußen gwohnt hat, wunderbar. Tausend Mark der Quadrat... äh, ...zentimeter, sehr schön. Der hat da, der hat sich jetzt so ein Haus gebaut, auch sehr schön, wissen Sie, so im Salzburger Landhausstil, mit so einem Reetdach, so friesisch, also, sehr schön. Und der hat ... auch das Grundstück ist eine Rosine, net? Der hat, vorn hat der so einen alten Baumbestand, und dann hat der, vor dem Haus hat der einen Mordstrumm Schwimmingpool. Des Haus ist L-förmig angelegt, und in die Ecke von dem Haus hat der sich einen Originalofen aus Dachau reingstellt. Ja, da fragt man sich natürlich, woher hat er den? Das wird er uns aber nicht sagen, nein ... haha ...! Der fährt häufig zum Beispiel – nach Warschau, net wahr, geschäftlich, da bringt er mir immer diese Dinger mit ... jetzt müaßad i schaun, dann zeig ich Ihnen einen, vielleicht hab ich einen da ... *(Er sucht.)* Da ist er nicht, da hab ich auch keinen. Der sammelt auch schon. Der fährt häufig nach Warschau, da bringt er mir diese Ding mit, diese gelben Sterne, die kennen S' schon, nein? Aus dem Ghetto, nicht? Die warn also so ... die ham sie sich früher da – *(deutet auf Brustmitte)* – angeheftet, oder auf der Seite. Die Kinder hams auf der Mütze getragen, gibt's auch so kleine. Zu einem Preis bringt der mir mit, nicht wahr ... Schwamm drüber, net ... haha ... Dann bringt er mir mit diesen polnischen Wodka, der is sowieso besser wie der russische. Und dann bringt er mir noch mit diese, wie Pyjama schauens aus, die Original-KZ-Uniformen, ganze Wagenladungen voll. Auch zu einem Preis ... hahaha ... ja, was soll ich da sagen? Wissen Sie, der hat mich übrigens draufgebracht, des wird Sie interessieren, der sagt, dieses Auschwitz, Sie wissen schon, nein, des Dings da, da sagt er, das ist ja in Polen! Des is ja gar net in Deutschland, ham Sie des gwußt? Nein? Wissen Sie, ich sag des Ganze nur deshalb, jetzt san's über vierzig Jahre, jetzt ist der ganze Zauber doch vorbei, net wahr? Jetzt kommt der Karinhall-Stil. Ganz neue Dinge. Ich kann Ihnen nur einen Tip geben: Wenn Sie an Antiquitäten interessiert sind, steigen S' ein, kaufen S' sich, net, dann liegen S' im Trend. Ich sag Ihnen des, weil ich hab a ... hähä ... a Nase für des, ich hab einen Riecher, glauben S' mir's!

Der Ruhe-Erzwinger

»Ist da noch frei?« frage ich, hoffend, in der Gaststätte noch einen Platz zu ergattern.

»Freilich«, sagt der Mann am Tisch. »Setzen S' Eahna ruhig hin.«

Endlich, ich sitze. So, und jetzt die Speisenkarte. Da plötzlich – grrrummelgrr – ein tiefes Grollen unter dem Tisch – grrmmgrr – naff. Ich lasse erschrocken die Karte fallen.

»Der tut nichts«, sagt der Tischnachbar, »der ist heute nur etwas schlecht aufgelegt. Wenn Sie sich ruhig verhalten, dann macht er nichts. Bloß tun S' um Gottes willen nicht mit der Hand auf den Tisch schlagen – da erschrickt er. Er ist nämlich ein Rottweiler, und die Rottweiler sind halt einmal sehr sensibel.«

»Jaja«, sage ich. Trotz einer gewissen Beklemmung bestelle ich Würstel und ein Bier. Als ich mir prophylaktisch den Senfnapf hole, geht's los: Grrrummgrrmchnaahrrr.

Ein bestialisches, animalisches Grollen. Unter mir sitzt einer, der frißt auch Menschen.

»Brav!« gebietet sein Herrchen. »Schön brav. Der Herr ist auch ein Gast – so wie du, hähä«, lacht der Dompteur. »Aber beherzigen Sie, was ich Ihnen sage: Keine Bewegung – möglichst.«

Leider kommt das Bestellte, die Würstel. Die Bedienung stellt sie etwas unsanft auf den Tisch. Grrmrrchchmrrwoouu. Jetzt kriege ich Angst. Unter dem Tisch rumort es. Hoffentlich beißt er nicht zu.

»Sie können schon essen«, sagt mein Vis-à-vis, »aber bitte achten Sie auf Ihr Besteck, das Klicken mag er nicht. So was mögen Rottweiler generell nicht so gern.«

»Okay«, sage ich. Ich schwitze. Vorsichtig, wie wenn man operiert, schneide ich die Wurst und dosiere den Druck aufs Messer, damit nicht plötzlich ein Aufprall aufs Porzellan passiert.

Das Sauerkraut läßt sich geräuschlos mit der Gabel lupfen.

»Er ist eine Seele von einem Hund«, sagt sein Besitzer. »Er haßt die Nervosität beim Menschen.«

Ich trinke, aber dann muß ich das Glas abstellen, leider zu hart, obwohl der Bierdeckel dämpft. Grurrgrrrwuff. Ich schnaufe durch und halte den Atem an. Ich hätte gerne meinen Fuß bewegt, aber jetzt bin ich steif wie ein Zaunpfahl. Ich bewege mich nicht mehr.

Der Bestienbesitzer zündet sich gemütlich eine Zigarre an. »Und? Schmeckt's?« fragt er.

Ich nicke vorsichtig, um kein Geräusch zu machen. Ich müßte jetzt auf die Toilette, aber ich trau mich nicht, mich zu erheben.

Ich frage: »Sie, ich müßte einmal – Sie verstehen, aber – der Hund?«

»Ja, Sie haben recht«, sagt der Mann, »ich rauche noch meine Zigarre zu Ende, und dann gehen wir sowieso. So lang können S' doch noch durchhalten?«

Ich nicke eifrig.

»Hat's nicht geschmeckt?« fragt die Bedienung.

»Doch – aber zuviel«, sage ich gepreßt, »und ich möchte gern zahlen.«

»Sechzehn Mark zwanzig macht's.«

»Achtzehn«, sage ich.

»Und zwei Mark zurück.« Peng – die zwei Mark rollen auf den Tisch. Wuffrgrrmichrrhrrwaff. Unter dem Tisch ein Inferno – fürchterlich, das Raubtier ist zum äußersten gereizt.

»Pfui!« brüllt sein Meister. »Zurück – pfui!«

Die Bedienung ist auch zu Tode erschrocken, von unten tönt's: Uwauwau!

»Hätten S' halt zur Bedienung ›Es stimmt schon‹ gesagt, dann wäre das nicht passiert.«

Inzwischen bin ich aber soweit, mein linker Fuß ist weitgehend verheilt, und in vier Tagen kann ich wieder ohne Krücken gehen.

Der Hundebesitzer

Karlheinz Halter, Hundebesitzer, sitzt mit seinem Schäferhund auf der Parkbank eines Kinderspielplatzes.

Halter gibt dem Hund ein Stück Wurst. Jajajaja, wo is er denn? Ja, brav is er. – Am Mittag kriegt er allweil a Stück Wurscht, auch amal a Stückl Preßsack, also mehr was Leichteres, weil er hat ja schon ausgiebig gefrühstückt. Also, da legt er großen Wert drauf, da is er heikel. Zum Frühstück mag er sei Leber, leicht angedünstet. Oder wissen S', was er auch mag? A Marmeladenbrot mit Konfiture. Net, und dann hat er auch schon a gute Laune. – Gell, da samma gut gelaunt? – Er hat eine Seele wie pures Gold. I sag's Ihnen auch gleich, wie's is, er is mir auch lieber wie praktisch a jeder Mensch. Weil er so an Charakter hat. Er besitzt eine solche Menschenkenntnis, also, a Mensch, den er ablehnt, an dem is was faul, da können Sie sich hundertprozentig drauf verlassn. Er ist a Vollschäfer, reinrassig, er ist ein echter Urenkel vom Onkel vom Hund vom Adolf Hitler, aus direkter Linie. Mir samma grad beim Gassigehn, gell, hier hat er seinen Auslauf, und er hat seine Büsche, obwohl er an und für sich de Kinder net so mag. Wissen S', die Kinder können sich einfach net so einstellen auf so ein Tier. Die ham da kein Verhältnis. Die langen immer wieder hin, obwohl er dann schnappt, net. Vor vierzehn Tag, auch hier, an dem Kinderspielplatz, er macht grad sein Geschäft, kommt so a Kind daher, direkt auf ihn zu. Er is so furchtbar derschrocken, aber dann is er fuchsteufelswild wordn. Das Kind liegt heut noch im Spital. Aber die Eltern von dem Kind ham dann auch selber zugeben, daß das Verschulden eindeutig auf seiten von dem Kind lag. I sag immer zu de Kinder: Finger weg, ein Schäfer ist kein Spielzeug! Er is ja auch sagenhaft treu. Er weicht einem nicht von der Seite. Er is immer bei mir, auch nachts kommt er immer zu mir ins Schlafzimmer. Und er hat einen untrüglichen Instinkt. Wen er net mag, der kann glei wegbleibn, da verlaß ich mich nur auf ihn. Genau wie er nur auf mich hört. Er leistet einen onbedängten Gehorsam. Also, wenn ich jetz zum Beispiel sag: »Faß!«, schaugn S', wie er aufmerkt, also ich mein, ich sag jetz net »Faß«. Nicht »Faß!« – Gell, also nicht »Faß«, aber ich könnte »Faß« sagen. Und wenn ich »Faß« sag und auf Sie zeig, dann packt er Sie. Und net zu schlecht. I hab's scho a paarmal erlebt, was er dann macht. – Natürlich nur, wenn ich »Faß« sag, aber i sag ja net »Faß«, Sie brauchen da gar keine Angst haben, i sag jetz net »Faß«. Ja, brav is er, gell, ja, mir lassen uns von de Menschen net drausbringen …

VI

Rückblickserwartung

Wenn jetzt die Kerzen brennen, dann geht's mir so, daß ich dann ganz besinnlich werde.

Das ganze letzte Jahr war für mich ein Jahr ohne Führerschein, weil man ihn mir gezwickt hat. Ich will Sie über die näheren Umstände gar nicht belästigen, weil die gehen schon im Grunde auf Jahre davor zurück. Jedenfalls war ich gezwungen, heuer, also dieses Jahr, vollkommen ohne Führerschein zu fahren. Nur wer die Bedeutung eines Führerscheins erfaßt hat, weiß, was ein Leben heute ohne Führerschein noch wert ist.

Ich habe aber auch meinen Stolz und habe gesagt: »Ich laufe dem Führerschein nicht hinterher, wenn sie ihn mir nicht geben.«

Beruflich bin ich halt äußerst mit dem Führerschein verbunden, weil ich bin von Beruf ein gelernter Bootsverleiher, ich habe ja Bootsverleih studiert, bin aber durch die permanenten Sparmaßnahmen von Staats wegen und durch den Druck der ausländischen Konkurrenz selbst zu enormen Sparmaßnahmen gezwungen. Ich habe in einer Sofortmaßnahme gleich einmal alle Boote, das heißt, ich habe ja nur eines gehabt, aber das habe ich aufgelöst und damit meinen Verdienst auf ein Minimum heruntergeschraubt. Ich lebe jetzt zirka zehn bis elf Prozent unter dem Existenzminimum und bin auch steuerlich dadurch enorm entlastet, und der Staat tut sich schon sehr schwer, mich auszutricksen.

Ich bin ein Mensch, der, ich weiß nicht, wie es Ihnen geht, aber ich blicke gern zurück. Es gibt Menschen, die schauen immer nach vorn oder manche auch hinunter, ich für meinen Teil schaue zurück, das heißt, ich blicke zurück, weil lange schaue ich mir das nicht mehr an, was da zurückliegt.

Wenn ich zurückblicke zum Beispiel, dann muß man sagen, die letzten Jahre waren äußerst erfolgreich, nicht zuletzt für den Borkenkäfer. Allerdings, was dem Borkenkäfer die Zukunft bringen wird, wage ich kaum auszusprechen, weil wenn einmal kein Wald mehr da ist, dann wird's happig für ihn, und er mag halt gern einmal das Holz.

Sonst, wenn ich zurückblicke, denke ich immer noch gerne an meinen Lottogewinn zurück. Vor drei Jahren, da hab ich vierzehn Mark dreißig gewonnen, aber das Geld ist heute auch schon wieder verbraucht, und, ehrlich gesagt, so viel Geld war's ja auch wieder nicht. Jedenfalls konnte ich mir meine Reise nach Thailand, die ich gerne angestrebt hätte, mittels Lottogewinn nicht finanzieren. Dann habe ich gedacht, daß ich mir mit einer Organspende die Reise finanziere, mit Hergabe meiner Niere, aber da hat man keine Chance, weil die Ausländer mit ihren Innereien den Markt überschwemmen. Da können wir mit unseren deutschen Körperteilen nicht mehr mithalten, preislich.

Eine Idee von mir war noch, ob ich nicht einen Witz kaufen soll, einen Secondhand-Gag auf der Witzbörse in London, und dann bin ich gleich zur Bank wegen einer Zwischenfinanzierung von dem Witz, damit ich ihn dann mit Gewinn ans Fernsehen weiterverkaufen kann. Ich war dann auch in den Kreditabteilungen und habe ihnen den Witz vorgelegt, damit sie mir Geld drauf geben. Alle in der Bank haben dumm gelacht und haben den Witz in allen Abteilungen verteilt und geprüft, wieviel der Witz wert ist, aber Geld habens mir dann doch keins gegeben. Schade, so kommt der Witz halt nicht ins Fernsehen. Aber beim Fernsehen habens schon so viele alte Sachen, da brauchens nichts Neues, die wollen halt auf ihren alten Sachen nicht sitzenbleiben.

Die letzten Jahre waren auch sehr ertragreich für die

Hausbesitzer, aber wenn sich die Wohnungssituation weiterhin so positiv fortsetzt, wissen Sie, dann bin ich schon so frei und sage: Bitte, da soll dann wohnen, wer will. Ich wohne dann nicht mehr. Ich habe in meinem Leben schon früher öfters gewohnt, ich weiß, wie's geht.

Ja, und jetzt sitze ich da und muß persönlich mit ansehen, wie die Zeit versickert und vergeht, aber wenn ich ehrlich bin, ich habe mir von der Zeit auch nie was anderes erwartet, als daß sie vergeht. Sonst wird ja überall Zeit eingespart und sogar gewonnen.

Ich kann Ihnen sagen, ich gehe sehr großzügig damit um, und das provoziert die Zeitsparer, aber ich haue ja nur meine eigene Zeit zum Fenster hinaus, und die Leute fragen sich, woher ich sie mir nehme. Das verrate ich aber nicht.

Gestern habe ich mir ein Butterbrot geschmiert und habe dazu drei Stunden gebraucht. In dieser Zeit hätte man auch auf die Kanarischen Inseln fliegen oder eine ganze Vorabendserie im Fernsehen anschauen können. Ich habe mich aber fürs Butterbrotstreichen entschieden. Sicher kann man auch ein Butterbrot in drei Minuten streichen, aber das kann ein jeder, und ein dreiminütiges Butterbrot unterscheidet sich kaum von einem dreistündigen, nur im Zeitaufwand liegt der enorme Unterschied. Vielen Leuten, denen ich das dann erzähle, kommt das merkwürdig vor, ja, sie sind ratlos. Aber genau das ist es ja, was mich so begeistert: diese enorme Ratlosigkeit.

Der Rauschgoldengel

Der Kraftfahrer Hofinger war Kraftfahrer von Beruf. Ansonsten hatte er viel Freude am Durst. Diese Freude hielt er gewissenhaft mit Bier und Schnaps aufrecht.

So begab es sich, daß Hofinger an einem herrlichen

Heiligen Abend nachmittag, voller Schnee und Kälte, der Wirtschaft »Zum Atzinger« zustrebte, um sich dort auf die Feierlichkeiten des Tages gebührend einzustimmen.

Zum Entree genehmigte er sich in kleinem Kreise – es waren noch der Emigrant Kovacs und der Trambahner Gerstl dabei – sieben Weißbier und flankierend dazu diverse Obstler.

Als dann der Lärm draußen auf der Straße langsam einschlief, begann Hofingers Weihnachtsstimmung zu knospen, und dementsprechend genoß er den Weihnachtsbock, ein Getränk, welches extra für die hohen Festtage hergestellt wird. Aus der Musiktruhe erscholl Country-music, und gleichzeitig aus einem anderen Geräuschspender, also sozusagen synchron, informierte einen der Heimatsender präzise über den gesamten Weihnachtsverkehr im Freistaat.

Diese Beschaulichkeit stimulierte den Hofinger bewegt zum ersten inbrünstigen »Stih-hi-le Nacht, ha-li-ge Nacht …«. Der Emigrant stimmte sogleich mit ein und verbreitete Seliges. Hofinger unterbrach verblüfft: »Ja, was bist 'n nachert du für oana? Bist etz du a Asylant oda a Dissident oda a Flichtling, oda gar a Mafioso? Ha, ha?!« Hofinger war beeindruckt. »Singt der ›Stille Nacht‹!«

Kovacs beantwortete diese Fragen nicht, jedenfalls nicht an diesem Weihnachtsabend im Atzinger. Er hielt sich lieber an den Bock und feierte. Gerstl hingegen trank eine vulgäre Halbe nach der anderen, freilich ab und zu durch einen Nikolaschka unterbrochen gegen »des siaße Zeig, des wo oam an Weihnachtn oiwei an Mogn vapappt«.

Da der Atzinger keine Wärmestube mit »open end« war, speziell an Festtagen wie diesen, erfolgte um sieben Uhr die unerbittliche Räumung. In der ernüchternd kalten Winterluft animierte Gerstl: »Gehts weida, i hab scho no a paar Tragl am Balkon. Na wartma hoid bei mir aafs Christkindl!«

Gerührt willigten die beiden anderen ein. Auf »O du

fröh-liche-he …« folgte bald »Wir lagen vor Madagaskar« und »Marina, Marina«. Die Stimmung konnte nicht besser sein.

Beim Hofinger tat das vierundzwanzigste Bier, noch dazu eisgekühlt, seine Wirkung. Abrupt riss es ihn von der Liedertafel in Richtung Toilette. Ob er selbst noch merkte, daß es bereits zu spät war, ist nicht überliefert.

Nachdem das Duett das gesamte verfügbare Liedgut verbraucht hatte, bemerkte Kovacs: »Wo isss Hofinger? Heim sss Familie, oder was?«

»Ja Herrschaft, wo is er denn?!« fragte auch Gerstl – und fand die Bescherung in seiner Diele.

Was jetzt geschah, muß jeden echten Christenmenschen, der von der allgemeinen Verrohung der Zeit noch nicht ganz versaut ist, bewegen.

Der Trambahner und der Emigrant schleppten den hundert Kilo schweren Kameraden ächzend und stöhnend drei Treppenaufgänge hinunter. Beim Umgreifen entglitt er ihnen hin und wieder, dann donnerte sein Kopf schwer über die steinernen Stufen. Es ging durch die kalte Nacht, vorbei an Tannenbäumen im Lichterglanz und dann, zwei Straßenzüge weiter, durch den Hinterhof nochmals zwei Stockwerke hinauf. Dort legten sie ihn vorsichtig, um den Weihnachtsfrieden nicht zu stören, vor seine Wohnungstüre und schoben ihm fürsorglich den Fußabstreifer unter das zerschundene Haupt. Kovacs, der Mann aus der Fremde, steckte ihm noch eine ungeöffnete Flasche dunklen Bocks der Marke Hopf zwischen die Finger. Dann verließen sie ihn mit der Gewißheit, die ihrige Christenpflicht voll erfüllt zu haben.

In Hofingers Wohnung war der Heilige Abend bereits zelebriert worden. Die Mama mit den drei Kleinen und die Oma, Hofingers leibliche Mutter, hatten die Abwesenheit des Vaters zwar beklagt, aber hingenommen, weil man ja in etwa eh wußte, wie es ausgeht, wenn der Bappa »no amoi schnell a wengerl zum Atzinger neischaut«.

»Pst«, flüsterte die Oma und drehte den Fernseher leise, «i hab draußt was ghört!« Hurtig spurteten die Kinder zur Wohnungstür, öffneten und – »Der Bappa is's …« riefen sie. »Der Bappa is's! Er liegt im Treppenhaus! Er is hoamkemma … der Bappa!«

Ein Anflug von Frohheit entfaltete sich auf dem Gesicht der Oma, die überhörte, wie es dem Munde der verhärmten Frau Hofinger entfuhr: »Total daschpiem und daschissn. De bsuffane Drecksau, de bsuffane!«

Der Weihnachtsneger

Also, mir ham uns heuer, ham mir uns an Neger kommen lassen an Weihnachten. Des war im Zusammenhang mit dieser Aktion »Brot für die Welt«. Ja, also, ich mein, mir ham schon drauf gschaut, gell, daß was Seriöses reinkommt, net. Er is uns ja eigentlich direkt vermittelt worn von der Landesboden-Kreditanstalt, weil da ist er doch Assistent. Er hat alles kriegt, net, also, mir ham ihm an Spekulatius, ham mir ihm angeboten, an Zopf, an Stollen, was vom Gebäck, also, er war ganz begeistert. Und er is ja auch aus a sehr guten Familie, er kommt aus Tschurangrati, sei Vater is irgendwie König oder so was Ähnliches von Beruf, net. Und, ich mein, mir warn nicht unzufrieden mit ihm, gell, er hat gessn, er hat gschaut, net, er hat die Augen ganz weit und die Ohrwaschel gspitzt, weil des is er ja net gwöhnt, a so a Weihnachtsfest. Aber daß dieser junge Mensch, also aso, sagn mir amal, transpiriert, net, also, daß er so schwitzt, da hat der Bappa, hat gsagt, also, des is ja, des geht ja net, also an Weihnachten, und da Bappa hat auch gsagt, mir nehmen 's nächste Mal kein Neger mehr, gell. Und der Bubi steht ja scho lang auf am Indianer, also, 's nächste Mal nehmma mir uns an Indianer.

Die Büttenrede

Erwin Wurster sitzt im Schlafanzug in seinem Schlafzimmer. Neben ihm ein Spiegel und seine Frau mit Lockenwicklern unter einer Trockenhaube.

Ja, also, Sie müssen sich vorstellen, davor, also vor mir, waren der Tünnes und der Scheel dran, die Garde hat einmal paradiert, und dann komm ich. Natürlich mit Narrenkappe und 'nem Ornat, das müssen Sie sich jetzt alles dazudenken, ich habe jetzt nur das Narrenzepter dabei, mit dem ich dann beim Stimmungslied die Rittergilde dirigier. Also, ich fange mal an. Es geht los mit meinem klassischen Begrüßungsvierzeiler … Den mach ich jetzt seit sieben Jahren, also der kommt immer bombig an. Also: Liebe Närrinnen und Narren … da ist der erste Tusch – den wart ich ab, dann geht's weiter folgendermaßen:

> Wir lassen's heut besonders krachen,
> Wir bringen heute was zum Lachen,
> Für alle, die da unten hocken.
> Wenn's kracht, dann bleibt kein Auge trocken.

Da is dann der nächste Tusch und der Applaus. I wink dann ab und sag: Nicht nötig, meine Damen, und dann lachens noch mal und klatschen noch mehr. So, wenn der Applaus vorbei is, na mach ich weiter, und da kommt die eigentliche Rede. Da sag ich folgendes: Verkehrte Ladies und umgekehrte Geleemänner – da lachens dann wieder … *(Hier liest er ab.)* Ich kann's noch net ganz auswendig, jetzt warten S': Sitz ich im Lokal, da tuns dann einen Hummer ins heiße Wasser. Dann frage ich den Hummer: Seit wann bist du denn ein Roter? – Da wieherns dann, die Leute. – Dann sagt der Hummer: Nein, ich bin kein Dummer, obwohl's den Roten jetzt auch langsam heiß wird. An der Stelle kommt a Tusch: dadaa, dadaa, dadaa. Und die Leute applaudiern. – Im Lokal mir gegenüber sitzt mein Opa, und hustet ständig. Sag ich: Opa, was hustest denn? Sagt der Opa: Des kommt vom schwarzen Pfeffer. Sag ich: Aber, Opa, der Pfeffer is doch weiß. – Dann lachen die Leute, des wart ich ab, dann sag ich: Sagt der Opa zu mir: Ja, der Pfeffer is weiß, aber ich weiß des doch gar net. Tusch: dadaa, dadaa, dadaa, und da lachens dann wieder. – Dann, dann hab ich eine Weltreise gemacht, mein Opa war inzwischen gestorben – da lachens vielleicht a bisserl – dann ist mir am ersten Tag die Frau abhanden gekommen. Sagt mein Kabinennachbar: Seien Sie doch froh, wenn die Alte weg ist. Sage ich: Na ja, wer weiß. – Da lachens wahrscheinlich brüllend. – Am nächsten Tag is die Alte von meinem Kabinennachbar ebenfalls weg. Sagt er: Soviel Glück auf einmal, da is was faul dran. – Da brüllens dann vor Lachen. Den hab ich schon mal gebracht, der is wahnsinnig angekommen, 's geht aber noch weiter, passen S' auf: Am dritten Tag kommt ein Walfisch und spuckt die beiden Alten wieder an Deck. Sinniert mein Nachbar: Ja, des würde ich jetz gerne wissen. Hat der arme Fisch nun wegen deiner oder meiner Alten gekotzt? – Da gibt's wieder Gelächter, obwohl, was meinen Sie, des »gekotzt« is vielleicht a bisserl hart, aber wenn ich »gespuckt« sag, na ja, ich weiß nich – »gespuckt« is vielleicht aa net schlecht, aber des »gekotzt« kommt vielleicht besser an. Na, ah ja, ich hab's, da mach ich »ausspucken«. Sagt er also: Hat der arme Fisch jetzt deine oder meine Alte ausgespuckt? – Da lachens auch, doch, des müßt auch gehn. – Sag ich zu meinem Schiffsnachbarn: Jedenfalls, der Fisch hat Geschmack, des merkt ma. – Da brüllens dann vor Lachen, Sie werden sehn, also, da muß ich länger warten, da kommt dann auch noch a Tusch rein, dann geht's weiter. – War ich im Gefängnis, frag ich meinen Zellennachbarn: Ja, was haben Sie gemacht? Sagt er: Ja, ich hab eine Sau geschlachtet. Frage ich: Wieso sitzen Sie dann hier? Sagt mein Zellennachbar: Ja, die Sau war zufällig meine Alte. Hahahahaha, der is gut, der is ganz gut, der is glänzend, also, des wird auch wieder a so a Höhepunkt. Da lachen dann die Leute wahnsinnig. Jetz muß ich also 'n bißchen länger warten, bis die ausgelacht haben, da kommt übrigens auch wieder ein Tusch rein. – Dann sag ich: Ich selber bin ja auch ein Sträfling, wissen Sie, ich hab einen Safe ausgeräumt, und Sie werden sich jetzt fragen, wieso sitzt der Mann? Ja, ich kann's Ihnen verraten, ich hab die Alarmanlage zuerst ausgeräumt, weil's heißt doch immer: »Safe di first«. – Das gibt wieder einen Lacher. Dann sag ich: Ja, und jetzt bin ich natürlich in Sicherheit. Da lachens natürlich wieder. – Aber wenn unser Staat so weitermacht, dann ham se vielleicht schon bald kein Geld mehr für das Wasser und Brot da herinnen. – Das is einer von meinen Spitzengags, des is, also, ha, ich muß auch immer lachen. – Dann war ich bei der Bundeswehr. Mir sitzen grade beim Essen, fragt der Kompaniechef: Meine Herren, hat einer von Ihnen Bohnen gegessen? Sagen wir alle: Nein, nein, nein, warum? Ja, dann hat sich doch eben grade ein Schuß von meinem Maschinengewehr gelöst. – Des is auch einer von den todsicheren Ankommern. Wissen S', und, äh, es geht noch weiter, warten S' – ja, sagt mein Freund Heinz: Jetz is wieder Pilzsaison, was is? Gehst mit in den Wald? Sag ich zu meinem Freund Heinz: Pilzsaison is bei mir das ganze Jahr. Ich brauch nur meine Socken ausziehn, da hab ich Fußpilz, soviel ich will. Den sogenannten Champignon Pedalis. – Da brüllens dann wieder. Wissen S', den Champignon Pedalis muß ma richtig setzen, weil sonst hörns des gar nicht. Die Leute toben dermaßen, des muß ma abwarten. Aber ich hab da schon ein Gefühl dafür, wissen S'? – Dann bin ich zum Pfarrer gekommen. Sagt der Pfarrer zu mir: Ja, Sie, Ihr Sohn ist vielleicht dumm, der hat noch nicht einmal gewußt, daß Jesus tot ist. Sag ich zum Pfarrer: Ja, Sie sind gut, Herr Pfarrer, ich habe noch nicht einmal gewußt, daß er krank war. – Wissen Sie, des mit dem Pfarrer is schon heikel. Ich laß auch die ganzen

Schwulenwitze weg, obwohl die besonders ankommen. Aber der Prälat Munzinger sitzt da unten, und dann, ich bin ja auch, ich mein, ich sitz dann mit ihm wieder an einem Tisch bei der Wahl zur Narrengilde, na ja, das geht so dahin, wissen S', ich mach, ich trage nicht alles vor, wo komm ich da hin, wenn ich ihm jetzt schon alles verrate? – Am Schluß kommt halt dann das Lied, net, das Stimmungslied. Des is dann der Höhepunkt, also, da marschiert dann die Rittergilde auf, und dann geht's los: Ein Vorspiel, ranpfdadadada, ranftdada, da sing ich:

> Wenn draußen der Kamin auch stinkt,
> das Narrenvolk trotz allem singt ...

Jetzt singt die Rittergilde mit, passen S' auf ...

> Alaaf, hellau, alaaf, hellau,
> der Schnaps schmeckt uns auch ohne Frau.

Des dirigier ich dann immer mit. Jetz kommt die zweite Strophe:

> Das Narrenschiff geht niemals unter,
> wir bleiben heiter, froh und munter.

Jetz wieder mit der Rittergilde eben: Alaaf, hellau ... Eine kleine Abwechslung ham mir da drin: Der Schnaps schmeckt jetzt auch meiner Frau. – Ja, da lachens dann wieder. Dann fordert man die Leute alle zum Schunkeln auf, obwohl, des kommt ... der eigentliche Schunkelteil kommt erst in der Mitte, aber da, da könnens sich schon mal einschunkeln, wissen S'? Dann kommt die dritte Strophe, und die geht dann aso:

> Und is die Alte endlich voll,
> dann wird der Abend doch noch toll.

Gell, der Text is guat, der Rüdiger Wolf hat mir dabei geholfen. Der hat der Sache noch den letzten Schliff gegeben. – Ja, und jetzt kommt dann praktisch die Aufforderung zum Schunkeln. Da ruf ich dann: Und jetzt alle, machma alle mit, und hoch geht's. – Und dann springens alle auf, und die Rittergilde schunkelt vor, ich dirigier das Ganze, gell, und dann geht's: Humpf humpf, bubiba, dumpf, rumpf, trallala. Des kimmt dann dreimal: Humpf, humpf, bubiba, dumpf, rumpf, trallala. – Ja, und wenn mir des ham, dann kommt noch mal die Rittergilde mit dem Refrain:

Alaaf, hellau, alaaf, hellau,
der Schnaps schmeckt uns auch ohne Frau.

Des kann ma dann variiern. Singt ma: Der Schnaps schmeckt manchmal auch der Frau, oder dann singt ma: Alaaf, hellau, der Schnaps schmeckt meiner Alten auch, oder, und so, des kann mehr dann beliebig, des is dann je nachdem von der Stimmung abhängig. Aber Sie wern sehn, des wird ein bombiger Abend, also, so was kommt immer an.

Im Schatten des närrischen Zepters

Ein schäbiger Nebenraum eines Ballsaales. Nebenan ein Faschingsball auf Hochtouren. Stimmungssumpfmusik. Max Heubl, Faschingsprinz in vollem Ornat, sitzt ange- schlagen auf einem Barhocker, Anneliese Roth, Prinzessin, kümmert sich um ihn. Herr Donisl, Veranstalter, betritt das Separee.

HERR DONISL. Herr Heubl, mir waarn soweit, es kann los- gehn.

HERR HEUBL. Ach, laßts ma doch mei Ruah.

FRAU ROTH. Mir kommen gleich, Herr Donisl – ham Se sich übergeben müssen, Herr Heubl?

HERR HEUBL. Ah, es is grauenhaft.

FRAU ROTH. Sie müssen aufpassn, wenn's Ihnen schlecht is. Des schöne Gwand … *(Putzt Heubel.)*

HERR HEUBL. Ach, laßts mir doch mei Ruah. Wo is mein Magenpulver? *(Roth reicht ihm ein Glas.)* Wo san mir denn grad eigentlich?

FRAU ROTH. Des is *(liest nach)* – der Ball heißt: »Wir schlumpfen in Hypinesien«. Des san so Bankangestellte.

HERR HEUBL. Was für eine Ansprache soll ich halten? *(Rülpst.)* Irgendeine Rede?

FRAU ROTH. Nur Eahna Standardwitz, oa Stimmungslied und a paar Grußworte. Da, des is die Liste von dene, de wo Sie grüßen müssen. Lassen S' aber bittschön koan aus. Net, daß's wieder Beschwerden gibt.

HERR HEUBL. I bin doch net dene eahna Trottel! *(Greift nach der Liste.)* Her damit. Herrschaftseitn, is mir schlecht …

FRAU ROTH. Drei Tag no, na ham mir's überstanden. Mir ham aber heut fei no drei Auftritte, und oana wo da Bürgermeister mitwirkt.

HERR HEUBL. Wer, wia, welcher?

FRAU ROTH. I woaß net, wia der hoaßt, der dritte Bürgermoaster is's.

HERR HEUBL. Ah so. Der soll halt dahoam bleibm. Der ganze Fasching is doch eine Farce.

Ein Gardewammerl schaut herein.

WAMMERL. Herr Heubl, mir müaßn, im Saal rasens. Und sonst schaff ma aa de andern Auftritte nimmer. Und heut wolltma doch alle a bißl eher hoam …

HERR HEUBL. Jaja, i kimm glei. Nehmts daweil Formation ein. I muaß no meine Unterlagen studieren. *(Liest Grußbotschaften.)* Was, und de soll i alle grüßn? Von wem?

FRAU ROTH. Geh, reden S' doch net, Sie sollen grüßen.

HERR HEUBL. Ja, aber von wem?

FRAU ROTH. Geh, von niemand. Der Vorstand von der Bank selber hat uns doch den Auftrag gebn, mir solln den Vorstand von der Bank grüßen.

HERR HEUBL. Aber des san ja so vui, was des kost …

FRAU ROTH. Des werd pauschal abgerechnet.

HERR DONISL *(erscheint wieder).* Also, Herr Heubl, was is denn jetz? Ham S' denn den Tusch net ghört? Jetz treten S' doch endlich auf! Mir laufn ja d' Leut davon.

HERR HEUBL. I kimm glei, Herr Donisl, ich studier nur noch meine Unterlagen.

FRAU ROTH. Er muß noch de Grüße sortieren.

HERR DONISL. Guat, daß S' es sagen, fast hätt ich's vergessn: Ich hab noch a paar Grußbotschaften.

FRAU ROTH. De san fei nicht in der Pauschale drin.

HERR DONISL. Ja, i woaß, de wern extra berechnet. Aber jetz schicken S' Eahna, weil in ara Viertelstund kimmt scho unser Stargast, da brauchma de Bühne …

HERR HEUBL. Also, Fräulein Roth, packma's, gehma naus. *(Steht auf, fällt hin.)* Herrgott, is mir schlecht.

FRAU ROTH. Mir ham heut scho den fuchzehnten Auftritt, und jedsmal Sekt. *(Hebt ihn auf und putzt ihn.)*

HERR DONISL *(sieht auf die Uhr).* Es is jetz 23 Uhr 47. Um 23 Uhr 49 san Sie auf der Bühne, sonst mach ich Sie regreßpflichtig. Immer dasselbe mit dene Faschingsprinzen.

HERR HEUBL *(hat sich inzwischen gefangen).* Auf geht's!

FRAU ROTH. Halt, vergessen S' net Eahna Zepter, Herr Heubl.

HERR HEUBL. Meine Brille? Wo is meine Brille?

HERR DONISL. Was, ein Prinz mit Brille?

FRAU ROTH. De hat er nur zum Lesn. D' Leut lachen immer, weil s' moana, des is a Witz …

HERR HEUBL. Meine Brille …

Frau Roth, Herr Donisl und Herr Heubl suchen die Brille, das Gardewamerl erscheint wieder.

WAMMERL. Herr Heubl, was is denn, mir stehnga scho lang in Formation. Ham S' den Tusch net ghört?

FRAU ROTH. Glei, es geht no net. Sofort!

HERR HEUBL. Meine Brille!

HERR DONISL. Gehngan halt Sie schon derweil naus, Hoheit, und sagn S' halt irgendwas, i schick eahm dann nach. Schnell, gehnga S', mein Gott …

FRAU ROTH. Naa, i geh net alloa naus. Mir san a Prinzenpaar, mir gehn nur zu zwoat naus.

HERR DONISL. Ich mach Sie regreßpflichtig. Da, scho wieder ein Tusch!

HERR HEUBL. Meine Brille, ich kann sonst net grüßn …

HERR DONISL. Na grüßen S' halt pauschal, des is mir Wurscht, aber jetz schaugn S', daß nauskemman.

FRAU ROTH. Herr Heubl, i glaub aa, mir müaßn jetz …

HERR HEUBL. Der Fasching is doch eine Farce. *(Geht los. Herr Donisl drängt das Paar auf die Bühne, Herr Heubl dreht sich noch mal um.)* Ah, wo san mir?

HERR DONISL. Hypinesien!

FRAU ROTH. Hypinesien!

HERR HEUBL. Ah so. *(Geht auf die Bühne, neuer Tusch.) Das Prinzenpaar betritt die Bühne. Sie grüßen und singen das Stimmungslied.*

HEUBL UND ROTH.
Heut haun wir auf die Pauke, bis die Pauke kracht,
Wir wollen einen heben, die ganze lange Nacht,
Wir hauen auf die Pauke, bis ein jeder lacht,
Wenn die Alte auch vor Ärger in die Hose macht,
Wir hauen auf die Pauke die ganze lange Nacht.
Herrn Heubl ist es mittlerweile so schlecht, daß er in die Bühnenecke kotzt. Die Prinzessin singt mit dünner Stimme allein weiter.

FRAU ROTH.
Erst ein Schnaps, dann ein Bier,
Noch ein Schnaps, noch ein Bier,
Ein paar Jägermeister mal so zwischenrein,
Noch ein Schnaps noch ein Bier,
Zwei mal zwei sind schon vier.
Hörn wir auf und trinken ein Glas Wein.
Ei, der Wein, der schmeckt fein,

Schenk mir noch ein Glasl ein,
Wenn die Flasche leer ist, schmeiß die Flasche weg.
Mach 'ne neue auf, und trinken einen drauf,
Nur nach Hause gehen hat noch keinen Zweck.
Denn ...
Heut haun wir auf die Pauke, bis die Pauke kracht,
Wir wollen einen heben die ganze lange Nacht ...

VII

Realität

Manchmal fragt man sich wirklich – ist das ein Theater im
Theater? Oder ist das Ganze ein Theater? Wo hört das
Theater auf, welcher Akt? Also, das ist doch absurd. Seien
Sie mir nicht böse: absurd! Wenn so ein Sesselfurzer –
einem erklärt, was Realität ist, der selber – grotesk! –
Aber ... das ist Realität. Das ist, wie wenn Sie meinen, der
Billetzwicker im Theater sei der Protagonist. Das ist ja
Wahnsinn. Ein Wahnsinn. Ich red jetzt nicht von Kampf-
hunden, nein, das Thema, das lassen wir aus, das ist mir zu
aktuell. Sie werden doch meiner Meinung sein. Wenn so
ein Rudel Hunde einen Menschen zerfleischt, also ich geh
da nicht hin. Ich bin doch nicht blöd und lang das Viech an.
Sagen wir mal, vielleicht wenn ich zwanzig Meter weg
bin und einen Fluchtweg hab, dann kann's sein, daß ich
mal »pfui« sag. Aber jetzt sag ich Ihnen was. Selbst wenn
Sie »pfui« sagen, selbst wenn Sie »pfui« gesagt hätten,
nützt Ihnen das nichts. Unterlassene Hilfeleistung, das
liest sich wunderbar. Auf dem Papier ... liest sich das
wunderbar. Und man will ein Exempel statuieren, man
will – einen Schuldigen. In meinem Fall war's ein Nichtschwimmer. Bitte? Ja, ich weiß nicht, halt ein Nichtschwimmer, aus Überzeugung oder aus Leidenschaft. Ein
Nichtschwimmer, der offensichtlich zu einem Badesee
hingeht. Da sehen Sie schon einmal die Denkungsart. Ich
mein ... entschuldigen Sie ... ein Nichtschwimmer, der
soll von mir aus Auto fahren. Der kann auch in ein Kaufhaus reingehen. Und kann sich eine Unterhose kaufen.
Bitte, keine Badehose. – Oder der soll in den Biergarten
gehen. Da kann er sich innerlich ... da kann er baden. An
einen Badesee ... Bitte? – Na ja, sicher, also, nach Aussa-

gen der Frau – man muß immer voraussetzen, daß die Frau zuverlässig ist – hat er angeblich – wenn sie sich nicht verzählt hat – achtmal um Hilfe geschrien. Nein, nein, er hat um Hilfe geschrien. – Ich mein, ich zähl ja da nicht mit. Ich bin nicht der Mensch, der, bloß weil der mal Hilfe schreit, mir überlege, schreit er noch einmal oder dreimal. Ich bin nicht so. Ich bin mehr ein Typ ... mein Gott, wenn wieder so ein Auto ein Fehlalarm hat und tütütütüt macht, da geh ich halt in ein Haus hinein, bis ich's nicht mehr höre. Oder warte halt, bis die Batterie leer ist. Wissen Sie, ich möchte persönlich ... ich sag auch nichts Schlechtes über diesen Nichtschwimmer – nein, ich möchte über den Mann nicht urteilen und seine und so weiter. Aber ich denke mir immer, wenn ein Nichtschwimmer ersauft, ist das irgendwie konsequent. Bitte? – Tragisch ist es, wenn ein Schwimmer ersauft. Wer soll denn sonst ersaufen, wenn nicht ein Nichtschwimmer? Und ich meine ... wissen Sie, diese Leute sind meines Erachtens heute nicht mehr ... die haben auch keine Visionen mehr. Ich muß doch die Folgen meines Handelns und meiner Defekte, die muß ich doch kennen. Ich muß doch wissen wollen, was kommt auf mich zu. Das ist doch interessant, aber die Leute ignorieren das. Verdrängen es. Ich mein, wenn ich heute spazierengeh, durch den Park, und falle hin, dann weiß ich doch vorher, wer daran schuld ist. Und von wem ich dann mein Geld kriege. Weil wenn ich das nicht weiß, dann brauch ich ja gar nicht hinzufallen. Und drum stellens immer diese Tafeln auf, wo draufsteht: Übernehme keine Haftung. Wenn einer da ersauft. Aber die Gemeinden sind in der Zwickmühle. Wenn ich als Gemeinde fahrlässig einen See zulasse – da muß ich auch damit rechnen, daß mal ein Nichtschwimmer reingeht. Und dann muß ich zahlen. Das ist es. Und mir dann Vorwürfe machen, ich hätte diesen Mann retten können! Entschuldigung, vielleicht hätt ich ihn retten können, vielleicht hätte ich ... Moment, es kann ja sein.

Aber zwanzig andere auch, ich war ja nicht alleine da. Da waren mindestens noch zwanzig Personen da. Jetzt überlegen Sie sich: Bis Sie sich mit zwanzig Leuten sich abgesprochen haben – wer unter diesen Leuten ist überhaupt willens oder in der Stimmung, daß er da … das ist nur der eine Teil der Sache. Dann gibt's noch andere Überlegungen. Ich hab einen Geldbeutel da, zum Beispiel. Bei mir. Bitte, nicht wegen den hundertdreißig Mark, aber ich hab einen Euroscheck drin, ich habe einen Führerschein drin. – Ich kenne niemand von den Anwesenden und druck dem meinen Geldbeutel in die Hand – jetzt hüpf ich hinein. Und dann mach ich das, komm wieder heraus – ist mein Geldbeutel weg. Ja, seien S' mir nicht bös – und … überall heute Seen mit Nichtschwimmern. Das ist doch der Skandal. Und nachher kommt dieser Mensch da, der Richter, und sagt, und sagt er, es wäre widerlich, wenn man zuschaut, wie jemand ertrinkt. Ja, da sag ich: »Moment, Euer Ehren. Einspruch, Euer Ehren«, sag ich. »Ich hab vielleicht gesehen, daß er abgesoffen ist, aber wie – das interessiert doch mich überhaupt nicht.« Jeder Psychologe würde mir doch recht geben, ich brauche doch auch meine Zeit, bis ich begreife, daß, wenn der ersauft, daß das live ist. Daß das eins zu eins ist. Ich hab ja schon oft Leute gesehen ersaufen. – Und jetzt, im nachhinein, hab ich erfahren, das war Realität. Bedauerlich. Das ist bedauerlich. Aber jetzt sage ich Ihnen was zum Schluß. Mit dem können Sie … ich sag's Ihnen: Es gibt in diesem Lande viele Leute, die Hilfe bräuchten – gerade in diesem Land gibt's einen Haufen Leute, die bräuchten Hilfe. Aber die, die wirklich Hilfe brauchen, die schreien nicht, die sind still – auf deutsch gesagt, die halten 's Maul. Warum? Weil sie eh wissen, daß ihnen keiner hilft …

Gemütlichkeit

Gemütlichkeit, das ist die Relation Zeit, Bier und Geld. Zeit, wenn man bedenkt, wie es früher zeitaufwendig war, zeitintensiv, direkt zeitfressend, bis eine Gemütlichkeit in unserem Sinne überhaupt erst hergestellt werden konnte. Früher, da mußte man oft ganze Nachmittage, Abende, ja oft über Mitternacht hinaus in Wirtshäusern verbringen, bis sich eine Gemütlichkeit in unserem Sinne langsam, zäh, sirupartig zu ihrem Zenit hin entwickeln konnte. Heutzutage geht das Gott sei Dank viel schneller, eine Gemütlichkeit herzustellen, weil wir verfügen über die Ad-hoc-Gemütlichkeit oder, wie sie auch jetzt genannt wird, über die Instant-Grübigkeit. Und vom Geld her, es ist noch nicht lange her, da konnte man in einem Wirtshaus ein Bier, sagen wir, für eine Mark fünfzig erhalten. Heute allerdings, in einem original Altmünchner Bistro, zahlt man approximativ sechs DM für ein Bier, also, man sieht, heute ist es circa viermal so gemütlich wie früher. Warum das so zeitfressend war früher, so zeitaufwendig? Ich glaube, man beherrschte das früher noch gar nicht. Ein Bier einfach so bestellen, zahlen, trinken und dann gehen. Ich vermute, der Zeitverlust entstand früher beim Trinken selbst. Der Trinkvorgang früher, die Prozedur des Trinkens als solches, war ein mehr retardierter Prozeß. Ich versuche ein Beispiel: Früher, allerdings sehr früher, man befand sich unter einem herrlichen Kastanienbaum bei circa siebenundzwanzig, achtundzwanzig Grad Außentemperatur in einem wunderherrlichen Biergarten auf erdbebensicherem Gebiet. Man schnauft durch. Herrlich! Man war in Sicherheit. Diese Ruhe, diese Natur, man seufzt, leise fächelt der Wind durch die Kastanienblätter. Der Hypophysenlappen im Hinterkopf bewegt sich nur noch langsam, sporadisch, wie ein Segel in der Flaute. Eine äußerst angenehme Blutleere im Kopf macht sich breit und verschafft einem eine inwendige Tranquillität.

Man blickt anhaltend in die Ferne, aber man erkennt nichts. Irgendwann dann, oder auch ein bißchen später, propellert gemächlichst ein Maikäfer vorüber. Summ, summ, summ, summ. Der Maikäfer grüßt, man grüßt zurück, weil man kennt ihn ja persönlich. Wohin des Wegs, Kamerad? Eijeijei. Wieder ins Pommernland? Ach, das ist ein Moment, da denkt man dann an etwas Schönes. An etwas Erhabenes im Leben, vielleicht an die Schlacht von Verdun. Die Schlacht von Verdun aber macht Durst. Oha, ein Erkenntnisprozeß bahnt sich an. Bedächtig greift man zum Krug und führt denselbigen moderat, aber zielsicher zum Kopf. Niemals mit dem Kopf zum Krug – und plötzlich hält man inne. Es könnte jetzt vielleicht noch irgendein Gedanke daherkommen. Nein, das ist unwahrscheinlich. Das ist die Gemütlichkeit.

Die Hölle

Man kann sich ja an die eigene Nase fassen, wenn man so blöd ist wie ich, aber wenn man mit einer Firma wie der Firma Ismeier über zwanzig Jahre in Geschäftskontakt steht, dann kommt man doch nicht auf die Idee, daß es sich bei dieser Firma um lauter Verbrecher handelt. Lauter Mafiosi. Ich habe bei dieser Firma Ismeier alle fünf Jahre einen Pkw gekauft und habe ihn immer bar bezahlt. Ja, komm ich da auf die Idee, daß bei dieser Firma lauter Halunken, lauter Al Capones sind? Es war doch nicht meine Idee, bei dieser Firma Ismeier einen Leasingvertrag zu unterschreiben, das war doch nicht meine Idee, und ich Rindvieh unterschreibe diesen Leasingvertrag. Seither kann ich dieser Firma monatlich DM 420,30 in den Hintern stopfen. Natürlich bin ich noch hingegangen, persönlich, und hab gesagt, Winfried – ich Idiot war noch per du mit dem Sauhund –, mit diesem Leasingvertrag, sag ich, da haben wir doch einen Fehler gemacht. Wissen Sie, was der Kerl mir sagt, sagt der glatt, was heißt da wir? Da bleibt einem doch die Luft weg. Aber dann hab ich geantwortet, aha, jetzt weiß ich, woher der Wind pfeift, wenn Sie so daherreden. Aber dann nehm ich einen Anwalt, den besten Advokaten weit und breit, und führe einen Prozeß, daß die Funken spritzen, und ich habe gleich einen Prozeß geführt, und den habe ich auch gewonnen – moralisch –; und dann sag ich zu dem Richter, Herr Richter, das darf doch wohl nicht sein, daß ein Mensch, der sich immer bemüht hat, mit Anstand durch dieses Leben zu gehen, seine Steuern zahlt, nicht einmal einen Strafzettel gekriegt hat oder fast nie, daß man dem dann mit einem Leasingvertrag die Gurgel abschneidet. Da sagt der Richter – doch, das geht. Ja Herrgott, das ist doch ein Sumpf, ein Morast, wo wir uns heute befinden, unter den Menschen ist keine Ehrlichkeit, keine Aufrichtigkeit, die Menschen haben keine Religion, das heißt, eine Religion, wenn sie sie hätten, dann wüßten sie doch, daß sie hinuntermüssen in die ewige Finsternis, wenn sie Leasingverträge machen, dann wüßten sie, daß da unten einer auf sie wartet mit Hörnern auf dem Kopf und daß sie in einen Suppentopf hineinmüßten, wie ein Pomme frite würden sie geröstet. Die Därme würde man ihnen rausreißen, die Zehennägel mit der Zange, und einen Dreizack kriegten sie in den Arsch, aber glauben Sie, daß diese Kreaturen noch einen Glauben haben? Ich nicht. Die wenn die Hölle hören, dann meinen sie, es handelt sich um einen Verkehrsstau. Die zahlen auch sicher keine Kirchensteuer, da lob ich mir diese Islami, gegen die kann man wirklich sagen, was man will, man kann viel gegen die sagen, aber die haben wenigstens noch einen Glauben. Die wissen wenigstens noch, was eine Hölle ist. So ein Islami, der stibitzt was, der läßt etwas mitgehen, runter muß er, in die Verdammnis. Trinkt er einen Alkohol, das weiß er, das darf er nicht, zack, runter muß er in den Höllenschlund, und da muß er an einer Bar sitzen und einen Jägermeister nach dem anderen trinken, in Ewigkeit, Amen, weil die wissen noch, was Höllenqualen sind. Bei uns aber, die wissen gar nichts mehr, nichts, wie es da unten zugeht. Mein eigener Sohn, der weiß ja nicht einmal mehr, daß der Teufel Hörner hat, daß er nach Schwefel stinkt, das weiß er nicht, daß der Teufel einen Pferdefuß hat, das weiß er nicht. Wenn ich zu meinem Sohn sage, so, du Kerl, jetzt kommt der Sparifankerl (Deifi) und holt dich, dann meint er, es handelt sich um ein japanisches Computerspiel. Ja, was lernen denn die jungen Leute heute in Religion? Diese modernen Pfarrer. Ich kann sie nicht mehr sehen, mit ihrem ständigen Friede, Friede, Ökumene, Friede, ich kann s' nicht mehr hören, statt diesem Wort zum Sonntag solls doch einmal einen Höllenreport bringen, eine Reality-Show, damit man sieht, wie's da unten wirklich zugeht. Dann würden ihnen die Leasingverträge schon zum Arsch rauspfeifen. Warum schaun sich denn die jungen Leute diese Horrorvideos an, ja, warum denn? Weil die Predigten in der Kirche heute so lahmarschig sind, daß nichts mehr los ist. Aber jetzt hol ich das Neue Testament, weil da steht alles drin, dieser Johannes, das war ein kluger Kopf, der hat s' geschrieben, diese Apokalypse, da kann man's nachlesen, Wort für Wort. Einst wird kommen der Erzengel, mit flammendem Schwert wird er kommen, zu vertilgen das Ungeziefer, hinweg mit dem Gesindel, hinweg mit Antichrist und diesen Autohändlern. Und das werde ich jetzt fotokopieren, und dann schicke ich es als Fax an die Firma Ismeier.

Future Realities

Personen: Herr Pospich, Kreateur und Folterknecht; Frau Balsam, Investorin; Geistlicher Rat Dr. Münz, Projektseelsorger und Inquisitor; Fräulein Pöschl, Sekretärin; Dr. Licht, Art Director; Herr oder Frau Humboldt. Wir befinden uns in einem modernen Projektbüro. Man sieht das Modell einer Retortenstadt. Pospich telefoniert und ißt dabei die Verpackung eines Fast-Food-Menüs. Das Menü selbst entsorgt er in einem Müllsack bzw. Papierkorb neben seinem Schreibtisch. Fräulein Pöschl bewundert ihren Chef.

POSPICH. Jaja, bitte, Dr. Münz! – Ach so, der Geistliche Rat ist nicht anwesend! Erteilt gerade eine Absolution. – Aha! – Ja dann! – Kann man nichts machen! Ich ruf später wieder an.

PÖSCHL *(klopft an).* Entschuldigen Sie, Herr Pospich, ein Anruf für Sie. *(Legt einen Zettel auf den Schreibtisch.)*

POSPICH. Ja und?

PÖSCHL. Der Herr Geistliche Rat hat Verspätung, weil er muß noch eine Absolution erteilen.

POSPICH *(ißt immer noch an seiner Verpackung).* Das weiß ich! Hat er gesagt, wem?

PÖSCHL. Ja, dem Betreiber von dem Kernkraftding da in Garching. Hinter ihr taucht Frau Balsam auf

BALSAM. Sagen Sie, bin ich hier …

POSPICH *(springt auf, kaut.)* Sie sind! Sie sind! Genau!

BALSAM. Genau. Hallo!

POSPICH. Frau Balsam, wenn ich nicht irre. *(Schluckt den Rest der Verpackung hastig.)*

BALSAM. Essen Sie ruhig fertig.

POSPICH. Nein, nein, ich hab schon. Schön, Frau Balsam, daß Sie gleich persönlich kommen. Nun zu unserem Projekt. Die Nachfrage ist bereits enorm.

BALSAM. Wirklich? Ich wollte eben deshalb – weil das

klingt im Prospekt ja alles verheißungsvoll, und deshalb ...

POSPICH. Super, Frau Balsam. Ich sage Ihnen, ein Filetstück nach dem anderen. Ein reines Delikatessenpotpourri, das muß man sich ...

BALSAM. ... weil, wenn ich schon investiere, dann möcht ich auch ...

POSPICH. An welche Summe dachten Sie in etwa, gnädige Frau?

BALSAM. Na ja ...

POSPICH. Richtig, Frau Balsam. Schaun Sie sich das Ganze erst einmal an, aber glauben Sie mir, Idee, Konzept, Planung, Ausführung, das Ganze hat eine Dimension, das ist solitär in Deutschland – in Europa!

BALSAM. Also, dann lüften Sie schon Ihren Schleier. Halten Sie mich nicht hin. Es gibt schließlich noch andere Projekte.

POSPICH. Nein, Frau Balsam, dieses ist einmalig auf der Welt. Das werden Sie sich nicht entgehen lassen. *(Holt die Planungsunterlagen.)* Übrigens, Sie können schon eine Planung lesen?

BALSAM. Werden Sie nicht anzüglich!

POSPICH. Nein, nein, so mein ich's nicht ... Das ist ja super! Also, hier, das ist quasi die topographische Vita. Außenbereich. Alles, wie gesagt, im Außenbereich. Ein Teil sogar direkt Naturschutzgebiet.

BALSAM *(schwärmt)*. Wie schön!

POSPICH. Grüne Wiese – mitten in der Prärie – Feld – Wald – Fuchs ...

BALSAM. ... und Hase, gell? Haha!

POSPICH. Ja, genau, hahaha, Hase, sehr gut. Haha. Hatte Ihr Mann vielleicht eine Jagd?

BALSAM. Mein Mann hatte eine chemische Großreinigungskette.

POSPICH. Ach deshalb. Haha. Zur Sache, Frau Balsam. Hier die Fotos. Schauen Sie. Ist das nicht ein Garten

Eden? Und hier hinein kriegen wir, das ist gesichert, einen separaten Autobahnzubringer. Er mündet hier, Sie sehen es, in ein unterirdisches Parkland, wir nennen es Parking Parkland.

BALSAM. Interessant.

POSPICH. Ja, gigantisch. Hier sehen Sie es im Querschnitt – alles unter der Erde – und … *(Das Telefon läutet.)* Moment amal, Frau Balsam. *(Nimmt den Hörer ab.)* Ja, genau, den Geistlichen Rat Dr. Münz, bitte. – Wie? Wo ist er? – Aha! Weiht noch eine Kläranlage ein. – Gut. – Danke. – Bitte. – Danke. – Bitte … Also, wo waren wir stehengeblieben?

BALSAM. Dieses Parkland …

POSPICH. Ja, das Parking Parkland. *(Telefon piepst.)* Entschuldigen Sie, Frau Balsam. Die sind lästig. Ich werde das gleich abstellen.

BALSAM. Nicht so schlimm.

POSPICH *(am Telefon)*. Ja, sicher, der Geistliche Rat hat mir zugesagt. – Ich weiß – er weiht noch eine Klärgrube … Was? Welchen Autobahnabschnitt? – Ach so, den auch. Gut, aber dann kommt er. Ich warte auf alle Fälle. *(Hängt ein.)* Frau Balsam, also noch amal. Wir sind beim Parking Parkland. Das müssen Sie sich imaginieren, das alles ist unter der Erde, grottenartig. Das sind die Schleusen, die uns gleich direkt in die Shopping World …

BALSAM. Wie? Muß man hier durch das ganze Kaufhaus durch? Und was ist mit dem Gepäck?

POSPICH. Damit haben Sie hier nichts mehr zu tun, weil … *Pöschl kommt.*

PÖSCHL. Entschuldigen Sie, Herr Pospich. *(Legt einen Zettel vor Pospich.)*

POSPICH. Was ist denn schon wieder?

PÖSCHL. Eine Nachricht für Sie.

POSPICH. Und?

PÖSCHL. Der Geistliche Rat, Dr. Münz, verspätet sich. Er muß noch einen Autobahnabschnitt einweihen.

POSPICH. Das weiß ich doch schon!

PÖSCHL. Ja dann, also, Entschuldigung.

BALSAM. Das ist ja dann wie bei den Autobahntankstellen, man muß, bevor man zahlt, erst einmal an dem ganzen Zeug vorbei.

POSPICH. Sicher, nur in unserem Fall gleich an einem ganzen Kaufhaus. Man kann sich aber auch gleich in eine Gondel setzen und schwebt praktisch über die Shopping Meadow. (*Frau Balsam schaut ratlos.*) Ja, obwohl man noch unter der Erde ist, hat man das Gefühl, daß man sich in der freien Natur befindet. Und überall unaufdringlich liegen die Produkte. Hinter einem Busch meinetwegen die Dessous. In einer Birkenallee vielleicht die Sportartikel ...

BALSAM (*lacht*). Das ist ja wie beim Ostereiersuchen!
Telefon läutet.

POSPICH (*hebt ab*). Muß das sein. Ich hab doch die Frau Balsam ... Was? – Aha! – Der Geistliche Rat ... segnet noch einen neuen Achtzylinder. Was? – Macht auch noch eine Probefahrt und kommt dann? – Aber wirklich, ich erwarte ihn dringend!

BALSAM. Und die gekauften Sachen? Wo tut man die hin?

POSPICH. Mit denen hat man gar nichts zu tun. Die werden direkt aufs Hotelzimmer geschickt. Es sind übrigens in der ersten Phase Zwei- bis Fünf-Sterne-Häuser geplant und dann noch mal zwei. Hier, hier und hier.
Pöschl kommt leise und legt wieder einen Zettel auf den Schreibtisch von Pospich.

PÖSCHL. Entschuldigung.

POSPICH. Was ist denn schon wieder?

PÖSCHL. Eine Info.

POSPICH. Und?

PÖSCHL. Der Geistliche Rat. Er segnet noch einen Achtzylinder.

POSPICH. Ja Herrschaft, das weiß ich doch schon! Stehn Sie auf der Leitung?

PÖSCHL. Entschuldigung.

BALSAM. Was ist denn das hier? Sieht ja aus wie ein See ...

POSPICH. Ist es auch, Frau Balsam. Ohne See wäre das Projekt auch etwas seenlos. Eine kleine Bootsfahrt zur Entspannung, und a bißl Restauration muß ja auch sein. Über uns, Frau Balsam, befindet sich jetzt übrigens das Utility Center. Post, Verwaltung, Energy. Diese Gebäude werden funktionsoptimiert zugeordnet, um ein Systemverständnis beim Besucher zu suggerieren. Verglaste Seitenflächen integrieren die Natur in die Gebäudestruktur ...

BALSAM. Imponierend!

POSPICH. Eine reine ästhetische Symphonie, Frau Balsam, ensembleweise zum Potpourri visualisiert. Bitte, entschuldigen Sie. Ich muß schnell noch amal. *(Greift zum Telefon.)* Hier *(deutet)* kann man übrigens Kinder, sofern man welche hat, ablegen. Ein Children Overtake! Alles geschulte Leute, damit man wirklich ungestört ... Bitte, verbinden Sie mich mit dem Office vom Geistlichen Rat. – Dr. Münz, ja. – Ja was? Die haben bereits ... Wo ist er? Jetzt reicht's mir langsam! – Was heißt, er muß noch eine Ehe schließen? – Was heißt da wichtig! Zwischen wem? – Einer Holding und dem Freistaat? Ha – ich hab die ganze Zeit geglaubt, die sind schon ... hahahaha. Rufen S' derweil noch einmal beim Vatikan an. Und einen Kaffee für die Frau Balsam. Frau Balsam, einen Kaffee?

BALSAM. Nein, danke. Nicht um diese Tageszeit.

POSPICH. Keinen Kaffee für die Frau Balsam. *(Hängt auf.)* Wissen Sie, ich warte nämlich schon wie auf Kohlen auf unseren Projektseelsorger, und der macht's spannend.

Frau Pöschl kommt, legt wieder einen Zettel vor Pospich.

PÖSCHL. Entschuldigung, Herr Pospich.

POSPICH. Und? Was ist jetzt schon wieder?

PÖSCHL. Eine Nachricht, Herr pospich.

POSPICH. Und?

PÖSCHL. Moment, Herr Pospich, ich hab's aufgeschrie-
ben ... Der Herr Dr. Münz. Er verspätet sich. Weil er
muß erst noch eine Ehe schließen. Da steht's. Eine Frau
Holding und der Freistaat ...

POSPICH. Raus! *(Zu Frau Balsam.)* Ist das nicht unerträg-
lich?

BALSAM. Ich glaub's Ihnen. Was mich jetzt interessieren
würde: Wie groß ist denn der Gesamtfinanzbedarf?
Was kostet's?

POSPICH. Sie meinen tutto?

BALSAM. Ja, in etwa – tutto?

POSPICH. Also, ich sag jetzt amal – aber ich sag das nur,
damit eine generelle Profillinie sichtbar wird –, also ich
spreche nicht von reinen Realkosten, das werden Sie
verstehen, unser Preisdesign liegt bei zwei Komma fünf
Milliarden.

BALSAM. Uiuiuiuiui!

POSPICH. Gut, Frau Balsam, aber wo hat's das schon einmal gegeben? Eine Stadt, eine ganze Stadt im Paket, er-
dacht, erbaut, heutig und doch traditionell mit allen
Annehmlichkeiten – eine Stadt wie ein Hotel! Schauen
Sie, Frau Balsam, kennen Sie Altötting?

BALSAM. Nur vom Namen. Das ist ein ...

POSPICH. Lourdes?

BALSAM. Nein, nicht persönlich ...

POSPICH. Tschenstochau, Fatima, Santiago di Compostela.
Alles Wallfahrtsorte ...

BALSAM. Genau, wollt ich doch sagen ...

POSPICH *(enthusiasmiert)*. ... prosperierende alte Wallfahrtsorte! Irgendwann einmal kam das Wunder, dann
kam die Kapelle, dann kam das Wirtshaus, dann die
Herberge, dann der Devotionalienhandel – Pilger! My-
riaden von Wallfahrten, nicht saisonabhängig – ein
Ding nach dem anderen. Und wir, verstehen Sie jetzt,
Frau Balsam, und wenn Sie gestatten, meine Wenigkeit
hatte die Idee, wir bauen einen Wallfahrtsort heute, für

die heutige Zeit, nach modernsten Gesichtspunkten – hier ist er! Wir bestimmen die gesamte Urbanität antizipatorisch, wir dirigieren und kanalisieren die Pilgerströme, und, Frau Balsam – wir überlassen das nicht der Zufälligkeit der Entwicklung irgendwelcher Jahrhunderte! Warum sollen moderne Wallfahrer von heute nicht Tennis spielen? Hier sind achtzehn Löcher. Frau Balsam, wir bauen kein Disneyland – das hier ist die Antwort unseres Jahrhunderts auf Fatima und Altötting! Schauen Sie! Hier kommt die Kapelle hin, und gleich da, daneben, wird die heilige Quelle gebohrt, gleich anschließend eine Pipeline zur eigenen Flaschenabfüllerei. Jetzt sagen Sie, Frau Balsam, sind da nicht Ertragsmöglichkeiten?

BALSAM. Unfaßbar, enorm! Aber, wo ist das Wunder?

POSPICH. Das Wunder! Ja, ein Wunder ist immer etwas Wunderbares, aber das Wunder kommt später. Zuerst brauchen wir amal eine Marienerscheinung.

BALSAM. Marienerscheinung?

POSPICH. Ja, eine Marienerscheinung. Notariell beglaubigt und kirchlicherseits hieb- und stichfest. Sie sehen doch, da, wo die Kapelle ist?

BALSAM. Da bei dem Strommast?

POSPICH. Genau. Da haben wir die Erscheinung!

BALSAM. Moment mal, Moment, Herr Pospich, Sie wollen doch nicht sagen, Sie haben die Marienerscheinung noch nicht, bauen aber bereits einen Wallfahrtsort?

POSPICH. Um Gottes willen, nein, Frau Balsam, natürlich haben wir die, die gesamte Erscheinung ist bereits fertig konzipiert, Ort, Zeit, Umfang, alles ist festgelegt, wir haben bereits ein Video anfertigen lassen. Die Firma in Hongkong, eine der ganz Großen im internationalen Devotionaliengeschäft, hat das alles schon vorfinanziert. Wir sind gerade dabei, einen geeigneten Erscheinungsträger zu benennen ... und wir haben uns für ein Kind entschieden. Weil ein Kind ...

Frau Pöschl kommt leise herein.

PÖSCHL. Entschuldigen Sie, Herr Pospich, aber ...

POSPICH. Gehen Sie mir nicht auf die Nerven! Ich weiß, der Geistliche Rat Dr. Münz propellert wie ein Idiot durch die Gegend und verspätet sich.

PÖSCHL. Nein, Herr Pospich, er ist da!

Münz tritt ein. Er macht einen abgehetzten, deprimierten Eindruck.

POSPICH. Wie schön, Dr. Münz, endlich! *(Stellt ihn Frau Balsam vor.)* Unser Geistlicher Rat und Projektseelsorger, Dr. Münz – Frau Balsam, eine Investorin.

BALSAM. Freut mich sehr.

POSPICH. Sie sehen, Frau Balsam, die Dinge entwickeln sich.

BALSAM. Wie erfreulich. – Sie, Herr Pospich, wenn ich recht verstehe, dann ist dies hier also ein kirchliches Projekt?

Münz macht eine abwehrende Handbewegung.

POSPICH. Selbstverständlich, Frau Balsam ... auch.

BALSAM. Sagen Sie, Herr Pospich, könnt ich die Erscheinung vielleicht einmal ansehen?

POSPICH. Ja, natürlich, hier ist die Kassette. Ein Buch mit der Beschreibung der Erscheinung ist ebenfalls in Arbeit.

BALSAM. Danke. Wissen Sie, Herr Pospich, mein Mann hat immer gesagt, Hilde, investiere immer in kirchliche Objekte, da kannst du nichts falsch machen. Die Firma floriert schon seit zweitausend Jahren!

POSPICH. Ja, hahaha, da ist was dran. Also, auf Wiedersehen, Frau Balsam, ich kontaktiere Sie dann.

BALSAM. In Ordnung, auf Wiedersehen, die Herren.

POSPICH. Herr Dr. Münz, endlich. Nehmen Sie Platz! Darf ich gleich fragen: Haben Sie das Kind?

MÜNZ. Tut mir leid, mein Lieber.

POSPICH. Wieso, aber Sie wollten doch heute?

MÜNZ. Ja, wollt ich, wollt ich! Zuerst wollen wir doch einmal rekapitulieren, ja?

POSPICH. Ja.

MÜNZ. Sie erstellen einen Wallfahrtsort.

POSPICH. Ja.

MÜNZ. Wir erbringen die Software.

POSPICH. Sicher – so steht's doch in den Verträgen.

MÜNZ. Der Ort entsteht auf freiem Gelände?

POSPICH. Wo sonst? Das ist es ja. Darum brauchen wir die Marienerscheinung. Sonst hätten wir doch nicht die geringste Chance auf eine Baugenehmigung. Sie wissen doch selber: Naturschutzbehörde, Wasserschutzamt, Energieversorgungsunternehmen, Verkehrsministerium, Flurbereinigung, Luftfahrtbehörde, regionaler Planungsverband, Schlösser- und Seenverwaltung ...

MÜNZ. Hören Sie nur wieder auf.

POSPICH. Aber es ist doch so! Nur mit einer Marienerscheinung nehmen wir diesen Hürdenlauf. Das ist unsere einzige Chance, und so ist es auch mit Ihrer Firma besprochen. Dem Vatikan wird man ein solches Bauvorhaben nicht verweigern.

MÜNZ. Ihr Vertrauen in Ehren. Sie haben ein Video erstellen lassen?

POSPICH. Das ist Teil unserer Promotion. Hier – wolln Sie's sehen? Toll! *(Gibt ihm das Videoband mit einem kitschigen Cover: Maria mit Kind über einem Strommast.)* Die Kosten haben sich voll gelohnt.

MÜNZ. Sind Sie wahnsinnig, Mann? Eine Erscheinung kann man doch nicht visualisieren!

POSPICH. Warum denn nicht?

MÜNZ. Eine Erscheinung ist ein Mysterium! Verstehen Sie das? Wissen Sie, was das ist?!

POSPICH. Hm ... ja, ein Rätsel halt.

MÜNZ. Ja, ein Rätsel, Sie Naivling. Ich kann doch nicht dem Heiligen Offizium in Rom ein Video vorlegen und sagen: Schaut euch einmal die Marienerscheinung der Firma Pospich Future Realities an. Eine Marienerscheinung ist ein Geheimnis, Mensch! Ein heiliges Geheimnis!

POSPICH. Aber das Video ist doch nur für Leute, die das Projekt schon kennen.

MÜNZ *(schaut sich voller Abscheu das Cover an, hält es näher an die Augen.)* Ja, und was soll denn das? Das Jesuskind hat ja einen Tennisball in der Hand!

POSPICH. Ja, aber es ist kein Label drauf. Wir haben extra auf ein Label verzichtet.

MÜNZ. Sie müssen wahnsinnig sein!

POSPICH. Regen Sie sich doch nicht so auf, Herr Dr. Münz. Sie sind überarbeitet. Das können wir doch alles in Ruhe besprechen. – Zurück zum Kind. Haben Sie's?

MÜNZ. Nein. Die sind alle frech und medienversaut.

POSPICH. Ach!

MÜNZ. Ich habe alle unsere Waisenhäuser durchgekämmt. Heut war ich so nah dran wie nie.

POSPICH. Na sehen Sie.

MÜNZ. Was, glauben Sie, sagt dieser Rotzlöffel zu mir?

POSPICH. Und?

MÜNZ. Er will wissen, mit wieviel Prozent er am Erfolg beteiligt ist.

POSPICH. Ja, dann beteiligen Sie ihn halt, um Gottes willen.

MÜNZ. Und von welchem Prozentsatz bitte? Von meinem vielleicht? Außerdem brauchen wir ein unschuldiges Kind, Herr Pospich, wenn Sie verstehen. Nur ein unschuldiges Kind ist glaubwürdig. Denken Sie doch an des Kaisers neue Kleider. Dem Kind hat man geglaubt, weil es unschuldig war. Die Kinder, mit denen ich's bis jetzt zu tun hatte, kann ich doch vor keine Kongregation bringen. Ein Kind, das eine Erscheinung hat, muß klar und unbeirrbar sein und nicht fragen: „Was krieg ich für meine Erscheinung?"

POSPICH. Ja Kruzitürken, es wird doch wohl noch irgendwo ein altmodisches Kind … also, wo noch an was glaubt …

MÜNZ. Wie wär's mit einem aus Südamerika?

POSPICH. Schmarrn. Das Kind muß deutsch sein. Denken Sie doch an die Investoren. Und überhaupt, Herr Dr. Münz, vielleicht sind Sie nur besonders unfähig. Ihr Konzern hat doch in seiner Geschichte schon höchst beachtliche Projekte mit Kindern erfolgreich durchgeführt. Denken Sie an die Kinderkreuzzüge.

MÜNZ. Sie reden sich leicht. Damals haben wir ja auch ganz andere Einflußmöglichkeiten gehabt. Das waren noch Zeiten!

Die Szene verändert sich langsam.

Gregorianische Chöre setzen ein. Münz geht weg und fängt an, sich als Inquisitor umzuziehen.

MÜNZ. Kommen Sie, Herr Pospich.

POSPICH. Halt, wo gehen Sie denn hin?

MÜNZ. Dahin, wo noch kein Fernsehen die kindliche Unschuld versaut hat! *(Zerrt an Pospich.)*

POSPICH. Aber unser Projekt! Die Dividenden!

MÜNZ. Dahin, wo es noch Mysterien gibt. Ins fünfzehnte, nein, besser, ins vierzehnte Jahrhundert.

Pospich wehrt sich gegen das Weggezogenwerden. Zieht sich aber auch allmählich als Folterknecht um, jammert noch.

POSPICH. Aber unser Jahrhundert ist doch auch nicht schlecht!

Die Szene hat sich total verändert. Ein Käfig wird hereingefahren. Musik wie gehabt, lateinisches Gemurmel setzt ein.

INQUISITOR. Laß das Kindlein zu mir kommen! Tortor officium exple – Folterknecht, walte deines Amtes.

Man hört Zischen und Brutzeln, Schreie. Es stinkt nach verbranntem Fleisch.

confidere aliquid vidisse
omnia quae vides sciamus
omnia quae scimus videas
dic quae vides
eaque nos aperimus
et oculis subicimus

Szene bricht abrupt ab. Gleißendes Licht, Popmusik. Wir sind in einer total gestylten Werbeagentur.

ART DIRECTOR. Stopp! Halt! Bitte! *(Er geht und holt sich aus dem Käfig ein Stück verschmortes Fleisch.)* Paßt auf, diese Performance haben wir jetzt mitgeschnitten. Die ist im Kasten. Aber ... ich drücke jetzt einmal bewußt meinen persönlichen Geschmack aus – mir ist das Ganze zu ungustiös, irgendwie ...

POSPICH *(zu Münz)*. Sicher ist es drastisch. Aber die Leute sind heute Bilder gewöhnt!

ART DIRECTOR. D'accord – aber wenn wir ein Stück Fleisch so hinhalten und sagen, das ist ein Stück von einem Kind, dann kann natürlich unser Auftraggeber sagen: Leute, was ihr hier macht, ist Kunst – okay! Und unser Produkt? Das sind Tennisbälle! Und ich sehe verdammt nicht ein, daß eure Philosophie irgendwie in unser Konzept paßt – außer dem gelungenen Schock bleibt keine Assoziation mit dem Produkt!

MÜNZ. Die Kinder selber sind doch gar nicht so zimperlich. Die Kinder, das weiß man, sind grausam – also haben sie auch ihren Spaß. Ich sage nur noch Grimms Märchen. Also ...

POSPICH. Also, mein Sohn darf sich jederzeit einmal einen Horrorfilm anschauen, ich finde, der verarbeitet das schon, nur wir scheißen hier so rum. *(Pöschl und Balsam kommen mit einer Flasche Sekt und versuchen albernd, diese aufzumachen.)*

ART DIRECTOR. Warum versteht ihr das nicht? Das Kind im Kind? The child in the child? Ich möchte wissen, was man aus dem »Kind« herausholen kann. Da ist doch was drin. Childhood – Child – Song?! Das Kind im Kind!

Es fliegt ein Papierflieger auf die Bühne. Der Art Director ergreift ihn und liest die Botschaft.

ART DIRECTOR. »Wichelwachel, schnorchgazong«?

Es entsteht Ratlosigkeit. Ein Mann stürmt in den Raum –

hält ein Autoteil in der Hand oder zerbrochenen Spiel-
zeugtraktor, zerquetschtes Kinderdreirad o. ä.

MANN. So, jetzt möcht ich's wissen. *(Zum Art Director.)*
Gehört Ihnen das Kind da draußen?

ART DIRECTOR. Nnnein – nnnein ...

MANN *(zu allen auf der Bühne)*. Ich will wissen, ob Ihnen
das Kind da draußen gehört!

ALLE. Nein!

MANN. Das eine sage ich Ihnen: Wenn das da draußen Ihr
Kind ist, dann gnade Ihnen Gott.

Danksagung

Meine sehr verehrten Damen und Herren, gerade der heutige Anlaß ist es, der mich dazu veranlaßt, mir darüber klarzuwerden, daß ich mich bedanken will – weil ich es bin, der Ihnen Dank schuldig ist, und Ihre Erwartungen mir gegenüber, ob mein Dank endlich in die von Ihnen erwartete Dankbarkeit mündet, ihren Ausdruck finden soll.

Gar kein Zweifel – als der, der das immense Vertrauen entgegengenommen hat – zu Bedingungen, die man gemeinhin als märchenhaft bezeichnet, bei einem Disagio von nur drei Prozent –, darf ich hiermit für meine Person erklären: Jawoll, ich übernehme für das in mich gesetzte Vertrauen die volle Verantwortung und werde der mir dadurch entstandenen Schuld Ihnen gegenüber mit der gebotenen Dankbarkeit entgegentreten, und zwar ebenfalls mit der Würde, die eine solche verlangt.

Lassen Sie es mich so aussprechen: Meine Schuld Ihrem Vertrauen gegenüber hat sich keineswegs verringert, sondern meine Dankbarkeit hat das notwendige Schuldbewußtsein vergrößert.

Gerade aber meine Dankbarkeit ist die Würde, die Ihnen den längst schuldigen Dank gebühren läßt, denn schließlich sind drei Prozent Disagio eine Vertrauensinvestition, die alleine schon zeigt, mit welcher Dankesschuld da zu rechnen ist. Meine Dankbarkeit wird dadurch schon derartig von der Verantwortung geprägt, die meine gesamte Würde in Anspruch nehmen wird.

Bitte, und das möchte ich gerade jetzt zum Ausdruck bringen, bitte, überlassen Sie mein Vertrauen Ihrer Verantwortung. Sollte dies aber mit Ihrer Würde nicht vereinbar sein, so bedenken Sie – Ihnen bleibt ja auf alle Fälle meine Dankbarkeit, wobei Sie gar kein Schuldbewußtsein haben, und der Dank Ihnen gegenüber ist und bleibt eine Vertrauenssache, die meiner Würde keinen Abbruch verleiht.

Ich werde bei allem, was da noch auf uns zukommt, die drei Prozent Disagio immer im Auge behalten, und daß ich Ihnen auch in Zukunft zu Dank verpflichtet bin und die Dankesschuld in meiner ureigensten Verantwortung liegt – daran wird sich auch in Zukunft nichts ändern. Bitte erwarten Sie von mir jede Menge Dankbarkeit, nur keine Würde.

Es grüßt Sie dreiprozentig   Ihr Gerhard Polt

Entstehungsdaten der Texte

Die mit einem Sternchen * markierten Texte entstanden in Zusammenarbeit mit Hanns Christian Müller.

I

Freiheit 1993 · Democracy* 1993 · Toleranz 1995 ·
Bad Hausen 1995 · Historische Dimension 1987 ·
1705 1995 · Der Weber Max 1991

II

Attacke auf Geistesmensch 1996 · Der Standort
Deutschland 1994 · Quanto costa 1996 ·
Der Gedanke 1996 · Der Schuldenkäufer 1987 ·
Ein Amateur* 1984

III

Der Kaiser Nero 1994 · Bildung 1994 ·
Die Wegbeschreibung* 1984 · Die Garage* 1992 ·
Großbrand* 1980 · Die Bunkerführung* 1980 ·
Die Verantwortungsnehmer* 1986

IV

Mai Ling* 1979 · Eine Bilanzierung 1996 ·
Longline 1996 · Schuldirektor 1996 · Mensch-
ärgere-dich-nicht* 1979 · Die Verteidigung der
Gummibären 1991 · In der Buchhandlung* 1980 ·
Disagissimo 1987

V

Der Cineast 1995 · Die Weltreise* 1980 ·
Menschenfresser 1995 · Der Hobby-Feuer-
werker* 1988 · Der NS-Sammler* 1983 · Der
Ruhe-Erzwinger 1996 · Der Hundebesitzer* 1980